ADIÓS LOS LÍMITES

Alex Enki

© NOMBRE DEL AUTOR: Alex Enki
TÍTULO DEL LIBRO: Adiós los Límites

Correo: alex.enki@telefonica.net

© Inscrito en el Registro de la Propiedad Intelectual.
M-003916/2019
Sociedad de autores de España

1ª edición: octubre 2019
2ª edición: enero 2021

(Reservados todos los derechos para la presente edición)

ISBN : 978-84-09-12426-8
Edita: A. C. P. Pirámide
Portada: Alex Enki (Fotos y texto)

Índice

Prólogo

Existimos en un espacio multidimensional, el conocimiento y la aplicación de sus Principios, nos llevará a la comprensión de sus manifestaciones y de todos los entornos, de los universos de los que también formamos parte.

Veremos los sistemas que funcionan, relacionados con el plano interno y con otras dimensiones. Son el fruto de nuestras nuevas capacidades, utilizables ahora de una manera más natural.

Por fin resolver dudas importantes. ¡Intensas! Centrados en la experimentación de lo Inmaterial, eso de nosotros que nunca podrá morir. ¡Sí! Nuestra consciencia sobrevive al cuerpo físico. Y tener el sentido de la vida en "el disfrute de la Evolución".

Mitificaron todo, hasta para la ciencia, el magnetismo fue algo mágico. Incluso ahora que Evolucionamos nuestras capacidades y el conocimiento de dimensiones que formamos parte: planos inmateriales en los que hay conciencia de mayor grado o nivel.

Nos dotaremos de la tecnología para usar estas potencialidades de naturaleza inmaterial, experimentarlas y comprobarlas personalmente. Logrando así su justificación y también hacerlas más comprensibles. Hay técnicas realizables para nuestra vida.

Sentir un estado de Entonamiento continuo, de entrega intensa, el vértigo real del gozo que los antiguos denominaban: "Transmutación". Su experimentación interior se manifestará y todo parecerá producirse de una manera enlazadamente feliz.

Con un «Gesto Interior» nos activaremos, conseguiremos la complementariedad de lo interno y lo externo. Gozo, donde todo se produce siguiendo un guion de evolucionada alegría. Hay un matiz: lograrlo sin indiferencias, ni apartarse de los demás.

Me apasiona la idea de Adiós los Límites, su ilimitada propuesta conjuga la Maestría y su prudencia, que para los estudiosos de la "Evolución en el plano psíquico" es la mejor actitud, junto con el éxtasis de una experiencia de alto voltaje.

Sonrío ahora, mientras miro una grata postal, con la imagen de "Ghanesa" de India, para ellos, en esa cultura el dador de protección y bienestar. Sus alegres ojos me hacen sonreír y me acompañan, mientras reflexiono para describir Adiós los Límites.

Conseguir con las aportaciones de este texto permanecer, en un estado de «Conexión Interior». Entonados por la percepción de la belleza con lo más evolucionado. Experimentando una gran estabilidad y solvencia interior, por el disfrute de la maravilla que nos rodea, tanto en el plano material como en el inmaterial.

Si fuese posible, si somos lo suficientemente abiertos, llegar a través de la experimentación de la belleza y la «Conexión Interior» a la percepción, la utilización de las Dimensiones Extra. La personal visión de un "Plano de mayor nivel" o superior.

Solo la maestría y el buen gusto, nuestro propio "buen gusto" determinaran el rango de esta experiencia. La consciencia se acomodara a nuestro reflejo en lo eterno, en lo inmaterial.

Transmutaremos primero una pequeña cosa, sin esfuerzo, para después trascender más y más, de apegos innecesarios e ideas, de conceptos superables, hasta la total reintegración de nuestro Ser.

Sin pretender estar en posesión de una "razón única". Y seguro que estos conceptos serán posteriormente ampliados. Utilizamos estos criterios ahora, en la clarificación de ideas de Evolución.

(Remi)

Introducción

Describiremos todo lo relacionado con las potencialidades del ser humano distintas a las ya conocidas, y los avances en el conocimiento tanto de las dimensiones físicas, como del «universo inmaterial».

La aplicación de este conjunto de herramientas, propicia la manifestación de capacidades nuevas, facilitando los fenómenos singulares que veremos. Son fuertes vivencias, momentos especiales que indican el camino y las oportunidades que lograremos, con la práctica de estas técnicas y de sus Principios.

Practicaremos lo que funciona, concerniente a las Dimensiones Inmateriales que tenga incidencia clara y directa sobre este plano.

La «Presencia Interna» es nuestra parte inmaterial, siendo la base primordial de nuestro Ser, conectada y siendo parte de otros niveles más evolucionados y sutiles que han sido mitificados.

Realizaremos el imprescindible ejercicio de «Transmutación». Otro extraordinario, el de «Entonamiento», excelente y breve.

La consecución del máximo nivel de Conexión Interna mediante ejercicios de concentración y reconexión interior. Serán nuestra "Defensa Interna" ante la pérdida del Entonamiento y conexión, su realización nos impulsara a estados de conciencia más amplios y al disfrute de los logros con ellos obtenidos.

Mostramos un tesoro de sabiduría: I Ching que a la par es una herramienta de consulta y una certera guía interna /externa. Veremos sus claves, su gran sentido y que su uso como técnica proyectiva es de gran ayuda para la toma de decisiones, siendo esta competencia un valor muy apreciado desde la antigüedad.

La pareja funcional «Iniciación / Peregrinación» se establece aquí por la unicidad en la experiencia interna que provocan, por sus objetivos de conocimiento y sus aportaciones, estableciendo en nosotros la indescriptible sensación de "Haber Llegado".

Trataremos de una manera más serena sobre la "Supervivencia de nuestra Consciencia", que no puede morir al no ser física. Y su desarrollo en dimensiones espacio temporales y de conciencia con las que interactúa, este es nuestro propósito.

También el cómo encarar con solvencia, y poder navegar más serenamente por la «Transición», a la extinción del cuerpo físico.

Ni pretendemos ortodoxias. Ni nos creernos finales de nada. La idea es compartir lo descubierto.

Y nada tienen que ver estos temas, ni con filosofías o creencias. Aquí solamente se muestran técnicas y eventos. Herramientas que nos ayudaran para desarrollar las nuevas capacidades del ser humano. Y sucesos que obstinada y reiteradamente se dan, manifestándose además de manera espontánea y natural.

Los físicos cuánticos indican que habitamos en un universo de siete dimensiones. Comprobadas hasta físicamente, en el gran acelerador de partículas europeo. Dimensiones que están muy cercanas de nosotros, a nano milímetros, ahí ubicaremos nuestra actividad y manifestación, incluyendo al universo inmaterial.

El estudio del hombre y sus dimensiones, son los fundamentos que nos habilitaran como: "Seres de evolución", formando parte de una "dinámica correcta dentro de nuestro universo".

El siguiente paso: utilizar ahora nuestras nuevas potencialidades y experimentar su manifestación en todas las dimensiones. Y desde lo aquí aportado, poder disfrutar ya de los estados de conciencia asociados que son una verdadera delicia.

0/. Adiós los límites.

Los Principios que veremos, nos ubicarán en las dimensiones de las que formamos parte, según los descubrimientos científicos más actuales. Conocer que lo percibido físicamente es solo una parte de la realidad y que ésta es más profunda, amplia y diversa.

«Es nuestra mente la que interpreta lo que percibimos, su forma y naturaleza»

Dimensiones que experimentaremos conscientemente. Siendo nuestra mente el sintonizador, el puente de conexión y vehículo entre el plano físico y las nuevas dimensiones ahora reconocidas.

Expresamente numero este capítulo con el cero, los matemáticos de la Alhambra de Granada lo utilizaban, los mayas también. La importancia de considerar el vacío, el silencio, es capital en: Matemáticas, Astronomía, Música y Oratoria.

Enfocaremos todo, desde la «Presencia Interna» que con sus potencialidades, es la parte más auténtica de nuestro Ser. **Precisa de más espacio, dimensiones nuevas y un tiempo ilimitado.**

«Principios universales» son los que nos rigen».

Habitamos el Multiverso, es nuestro lugar de manifestación. Su escala va de lo Macroscópico: lo observable y sus galaxias, a lo Microscópico: partículas elementales y las 7 Dimensiones Extra.

0.1/. Las Dimensiones Extra.

Las Dimensiones Adicionales o Extra forman parte de la naturaleza, ocultas hasta ahora que han sido descubiertas, también el "Universo Inmaterial". Invisibles son los electrones y protones, sin embargo nadie duda de su existencia real.

Indicar que están muy cerca, ubicadas a nano-milímetros, formando parte de todo. Los científicos del "Acelerador de Partículas" europeo: **Confirman la existencia hasta física de siete dimensiones, quizás la base, el asentamiento del universo inmaterial o interno (antes llamado espiritual).**

Miles de universos simultáneos, algunos paralelos, finitos en número según Steven Hawkins, llenan la "Nada" de contenido. ¡La Nada está llena! Es la nueva visión del cosmos. Las "Dimensiones Extra" justifican el origen de manifestaciones extraordinarias, a las que desde ahora consideraremos sin mitos.

«Podemos sentir las otras Dimensiones. Las percibiremos como "Presión por Altitud"»

Todas esas coherencias, grupos vibracionales y entidades, componen la manifestación completa de nuestro Ser, que forma parte de esas dimensiones. Ahora será posible disfrutar de ellas.

El espacio tridimensional que vemos y sentimos habitualmente, es como el hilo central en un cable de Tv. Las restantes cuatro dimensiones discurren como una maya de hilos, rodeando nuestro entorno tridimensional hasta un total de siete.

0.2/. Planos de Manifestación.

Son lo que percibimos y lo que se manifiesta ante nosotros. Donde se proyecta nuestra manifestación en estas dimensiones. Habremos de dar un salto "cuántico" en la aceptación de la nueva visión del mundo psicofísico, nuestro "Universo Inmaterial". Lo organizaremos por niveles en siete Planos de Manifestación y conciencia claramente definidas:

1/.Energía.

Reintegrar nuestra energía, es el objetivo primordial para nuestra salud físico / mental. Los maestros tibetanos describen la Energía como: "Voz". El Tantra tiene como herramienta la energía. La Visualización usa la energía para la Creación Mental.

2/.Materia.

Una materia se diferencia de otra, solo por el número de electrones de su corteza. La Materia es "Vacío" en el 99,99 %. Un electrón de 10 cm orbitaría en una soledad semi espacial de 10 km alrededor del núcleo. «El Vacío da utilidad a lo material».

3/. Mente.

Es el sintonizador que enlaza las diferentes Dimensiones, también los Planos de Manifestación. Los pensamientos son como el aire que mueve las hojas de los árboles de nuestra consciencia. Como las olas del mar que caen, dejando el silencio tras la Charla Mental.

4/. Bardo.

Plano Intermediario entre la vida corporal y una consciencia extra corpórea que sobrevive. En ese plano permaneceremos brevemente, una vez superado el momento de la Transición. **Desapegarnos de lo de aquí, incluirnos en un área de mayor luminosidad. La clave: Dirígete hacia la Luz.**

5/. Entidades que ayudan.

Se manifestaron en encuentros muy oportunos. Por dos veces una voz internamente me aviso. **No hubo conversación con ellas, solamente me dieron el mensaje, evitando dos accidentes que hubiesen truncado mi existencia.** Sin esa "Voz", no podría estar ahora escribiendo.

6/. Entidades que deciden.

Se entrelazan nuevamente vida y muerte, ahora junto a Entidades ahora con capacidad de diálogo. Comunicando este plano y **una especie de velada luminosidad que parecía llenarlo todo.** Mi vida dependió de nuevo de otras entidades.

7/. El Principio Superior.

Experimentar un Principio más evolucionado, de mayor nivel o Superior. **«Será nuestra forma, la manera en la que podremos interpretar algo de tal nivel».** Entonarnos el mayor tiempo posible con él. Sentirlo como la "Vibración de fondo" que provoca el bienestar. Una sonrisa se manifestara en nosotros al experimentar ¿Cuando me vas a probar? ¿Cuándo a disfrutar?

0.3/. La Ecuación Universal.

Para la física cuántica actual, las Partículas Elementales son objetos unidimensionales que lo componen todo, tienen solo como diferencia entre ellas los **"distintos niveles de vibración de sus cuerdas de partículas"**.

«La única diferencia son los niveles de vibración».

Existen Claves, que son los términos de nuestra ecuación, incógnitas resueltas recientemente: las 7 dimensiones y otras más antiguas también de gran valor. Todas ellas juntas, seleccionadas según el momento son la chispa para el fuego de la evolución:

«Experimentar la inmaterial "Presencia Interna"». Existimos como entidad diferenciada, compuesta por nuestra "Conciencia Inmaterial" que no puede Transitar.

«Entonados al "Principio Superior"». Avanzando en el continuado sentido de conexión (c) hacia ese nivel evolutivo.

«La Pervivencia de la Consciencia». Darse cuenta que Sobrevivimos: reconocer nuestra inmortalidad, aceptarla. Y centrar cada vez más esa evidencia.

«Superar la Dualidad». El concepto más evolucionado: «Lo primero de todo es el Amor». Atómica fuerza «Más allá de todo entendimiento» capaz de Transmutar este plano dual.

Estamos orientados a **«Transmutar nuestros planos de manifestación»** hacia altos niveles de creación y conciencia.

0.3.1/. Resolución de la Ecuación.

La fórmula de Einstein **E=m c^2** genera una enorme cantidad de energía: potencial, cinética y térmica. Asimilaremos en nuestro caso uno de los términos de la igualdad (E) como la Evolución.

El otro miembro de la ecuación (m) son los métodos de nuestras técnicas y actitudes. Por (c) al cuadrado de la conexión con el máximo nivel experimentado. Técnicas aquí mostradas:

 # Planos de Manifestación y Conciencia.

 # Dimensiones de los científicos Actuales.

 # Técnicas aquí mostradas.

 # Principios de la antigüedad.

De los eruditos de otras épocas "Principios de la antigüedad":

1/. **Todo es Mente.** Puente y sintonizador de la manifestación.

2/. **Correspondencia.** Similar comportamiento en distintos niveles.

3/. **Vibración.** Su tasa o nivel, establece las diferencias y grado.

4/. **Polaridad.** Positiva o negativa, dualidad de nuestro plano.

5/. **Ritmo.** En los componentes y situaciones del universo.

6/. **Causa / Efecto.** Lo realizado tiene consecuencias en todos los planos.

7/. **Género.** Femenino / Masculino. Principio de la creación.

0.4/. El Tiempo una Consecuencia.

El espacio no es continuo y como "Consecuencia" el tiempo tampoco lo es. Einstein en su teoría de la Relatividad Especial indica que cada sistema de coordenadas (universo) tiene su propia métrica de la realidad, siendo ambos discontinuos.

Nuestro tiempo se genera hace 13.800 millones de años, nace ese tiempo en el momento de la gran explosión o Big Bang. Todo esto se produce desde un punto más pequeño que una partícula subatómica, inimaginablemente energética, caliente y densa, tanto, que contenía a todo nuestro universo, que actualmente se expande aumentando su velocidad.

«No existe un estándar de tiempo único»

Se estudia un tiempo anterior al instante del Big Bang. Teorías fundamentadas en la de "Cuerdas", ven posible que nuestro Multiverso existiese antes del Big Bang. Y el tiempo en consecuencia también.

Tiempo Cuántico: considera al pasado, presente y futuro coexistiendo simultáneamente. Tres entornos interdependientes, siendo accesibles desde la «Presencia Interna» nuestra conciencia inmaterial al formar parte de una misma realidad y tiempo.

La Mecánica Cuántica dice: "Causas idénticas pueden producir aleatoriamente diferentes efectos". Los conceptos "anterior y posterior, posición y existencia" son solamente probabilísticos.

Hay teorías científicas y filosóficas indicando que nuestra conciencia secuencial, crea los patrones temporales que se manifestarán en forma envejecimiento por la transformación de energía del entorno y de nuestro propio cuerpo.

«Prístina en su Juventud. Así es nuestra Presencia Interna».

Las dimensiones permanecen ahí, entrelazadas como una malla, mirando al tiempo, extrañadas de su presencia, mejor dicho de su no presencia ya que para ellas, es como un vecino que está al otro lado de la pared, y solo se le escucha como un lejano bullir.

«La ciencia ha sido creada por el hombre. Solo puede describir la interacción entre la naturaleza, el universo y nuestro modo de interrogarlos. Y no como realmente son»

Claro está, que aplicando este concepto: «El tiempo no es una Dimensión, es una Consecuencia». Podríamos movernos en él. Y visualizándonos, transmutar cualquier efecto, defensa o condición que nos ayude en nuestro camino.

La realidad que percibimos está formada con un sistema similar al de los pixeles: los miles de puntos que forman una imagen. Planck lo indica, mediante los 24 fotogramas por segundo que en las películas nos dan la sensación de tiempo y también la de movimiento. Siendo el tiempo más que ninguna otra, la unidad más real y universal de medida.

1/. Un Gesto Interior.

Es una "Actitud", un impulso interno que activa nuestros criterios más evolucionados. Verlo todo desde la perspectiva del "universo interior". Vigilar qué hacemos, lo que nos ocurre con un «Gesto Interior» y mejor aún con un conjunto de ellos.

Veremos distintas formas de realizarlo. Darnos cuenta, al preguntar: **¿Qué estás haciendo?** Usar nuevas: Actitudes y Herramientas. Transmutar la situación, reorientarla. Entonarse con el máximo nivel evolutivo sentido o «Principio Superior» que sugiere: ¿Cuando me vas a Probar? ¿Cuándo a Disfrutar?

«El Gesto Interior como activador de todo un "Universo Interno"»

«Tilopa es un pensador de extraordinario valor, y aporta como "Gesto Interior"» ese **"Deja Ir" a todo lo que no sea: Simple y Natural, Sencillo, Espontáneo»** en lo externo y también para los sentimientos y la mente.

Es el criterio de la Maestría y lo Exquisito, decantado hacia evolución. **Resolviendo la dualidad: Experimentación / Renuncia por la «Consulta interior» que es otro "Gesto".**

También otro para la "Defensa Interna" basado en la "Creación Psíquica desde la mente» y de algunas probadas herramientas. «Asomarte a tus ojos desde tu Presencia activada». Sentir la preponderancia de tu parte inmaterial. **Ver con los ojos internos. (Psíquicos) que es como suavizar la mirada. "Acariciar la realidad" es verlo todo un poco también así.**

1.1/. Activar la «Presencia Interna».

Su objetivo es lograr que nuestra parte inmaterial guíe la actividad de lo interno y de lo externo. Experimentarla, sentirnos como entidad diferenciada del entorno y la mente. **La Clave está en realizar ese "Darnos cuenta".**

«Verlo todo desde la "Presencia Interna"»

Preguntarte ¿Qué estás haciendo? Y realizar un Ejercicio de Entonamiento, encaminándote internamente a tu Templo interior o proyectar sobre ti, como refuerzo, una Pirámide de dorada de energía o haz de luz y energía, que actuará como estabilizador o protección, de lo interno y lo externo.

Realizar un «Gesto Interior», si hay "Charla Mental, efectúa la pregunta: ¿Qué estás haciendo? **Realizar el ejercicio de Entonamiento y/o Visualizar a la vez, como cae sobre ti, "Radicalmente", tú dorada Pirámide de energía.**

**« ¿Qué estás haciendo? Y realizar un Entonamiento
o Activar la Pirámide sobre nosotros»**

Reforzaremos con un "Mudra" que es un gesto o movimiento. **Asociando una Respiración y Erguir la columna vertebral** al Entonarnos, el objetivo es sentir la «Presencia Interna».

Nos ayudará también como refuerzo, repetir un Mantra. Especialmente "Om mani Padhme Hum" cuatro veces.

1.2/. La "Tilopática" Actitud.

Tilopa fundamentado en la filosofía Tibetana. Sugiere mantener una actitud: Simple, Natural, Sencilla y Espontánea, para la resolución positiva de sentimientos y mente. Te liberas y esa falta de peso, te hará subir rápido y con energía. "Ir suavemente".

«Simple. Natural. Sencillo. Espontáneo».

Con Maestría ni te dañaras, ni lo harás a otros. La autenticidad de lo natural, tamizada por el legado de la Maestría. Central y correcto por fuera, natural y espontáneo internamente. En todo, «El problema no es el disfrute, el problema es el apego».

"Deja Ir" la actitud de Tilopa. Criterio para el Descanso real de los sentimientos y la mente. Bienestar e higiene mental ante el sufrimiento que provoca la Charla Mental que compara, prevé e intimida. Disolviéndola con esta extraordinaria actitud":

No Recuerdes. Deja ir lo que ya pasó.

No Imagines. Deja ir lo que pueda venir.

No Pienses. Deja ir lo que sucede ahora.

No Examines. No trates de interpretar nada.

No Controles. No trates de hacer que algo suceda.

Descansa. Relájate ahora; y descansa.

Es la auténtica Liberación interna y externa. Así **«Surge un ser "fresco y virgen"»**. Te quitas peso de encima y te sientes Libre. Hay un importante aumento de energía que deberás conducir.

1.3/. La Maestría y lo Exquisito.

Se manifestará "La Maestría" que es la definitiva solvencia, como ayuda continuada, también nos será útil ante un evento nuevo. Es el conocimiento experimentado y bien sentido.

«La Maestría es la vibración de fondo de lo Exquisito»

Es verlo todo, primero desde el "Sensato conocimiento". Y también será correcto utilizar las exquisitas **capacidades de nuestra «Presencia Interna»: para la «Consulta interior», la «Creación y la Defensa Psíquica».**

Hay dos caminos en el sendero de la Evolución:

«La Vía Seca» El Transmutador camino del Tantra, basado en Experimentación personal, sin renunciar ni negar nada. Sendero rápido y arriesgado, directo hacia la "Realización Iluminadora". Poderoso impulso. Sin aceptar renuncias impuestas o el sufrimiento auto-infligido.

«La vía Húmeda». La Yoguica subida, sufrida y esforzada por los innumerables puntos de purificación y renuncia, etapas en las ramas del árbol del conocimiento. Actitud también de occidente desde hace siglos. Difícil vía para espíritus más exigentes.

La Clave es realizar continuamente la «Consulta interior» que Exquisitamente equilibra: El Tantra con su Transmutadora experimentación" y la Renuncia del Yoga.

1.3.1/. La Consulta interior.

Será una buena ayuda a la hora de la toma de decisiones. Al precisar "Guía", la obtendremos si efectuamos "La Consulta" muy clara, bien definida y Visualizada. De manera rápida con un Entonamiento, o con el ejercicio de Transmutación.

«"La Consulta Interior" nos sirve de Guía»

¿Cómo efectuarla la Consulta?: Realizando un ejercicio de Entonamiento usado con este grupo de técnicas:

1/. «La Consulta Interior» bien definida y clara. Realizar primero una respiración profunda, llenando bien los pulmones, hasta arriba. «Estirar la columna vertebral» mientras respiramos.

2/. «Sentir un haz de Luz de color dorado que nos inunda». Foco de gran intensidad nos ilumina. Esa luz y energía, se manifiesta por fuera y dentro de nosotros como un Sol interior. Regenerando y dando bienestar. Saliendo por nuestros poros al exterior, creando incluso un aura a nuestro alrededor.

3/. Visualizar muy definida la imagen de la "Consulta" sobre nuestra Pirámide o Templo interior. **La proyectamos con Emoción,** sobre esa estructura para lograr la "Guía solicitada".

4/. «Percibiremos si es positivo el resultado de la Consulta». Proyectado Emoción: concentrando la Luz y energía, focalizándola sobre la estructura de la Pirámide o Templo. Veremos claramente un Sí o un No, o por una intuitiva sensación, dándonos así la "Guía" solicitada a nuestra Consulta.

1.3.2/. La Creación Psíquica.

Es para el logro de objetivos como se utiliza normalmente la «Creación Psíquica o Mental». Primero mediante la clara y bien definida Visualización de lo deseado, activaremos así las partes Consciente y la Subconsciente de nuestra mente, para propiciar y lograr así lo solicitado.

Consiste en generar sucesos y en la manifestación de fenómenos, **aplicando de una mezcla de Emoción, luz y energía a las Visualizaciones.** Fotografía mental sobre la que proyectaremos "la imagen" de la «Creación Psíquica».

**«La Creación Psíquica es Visualizada
desde la mente»**

Una vez que se ha realizado el ejercicio "Dejarlo actuar". Solo en un caso muy necesario, repetirlo como mucho **tres o cuatro veces al día.** El ejercicio de Entonamiento acomoda sus puntos tercero y cuarto para usarlos en la «Creación Psíquica»:

1/. Respiración profunda y erguir columna vertebral.

2/. Sentir un haz de Luz de color dorado nos inunda.

3/. Visualizar muy clara nuestra «Creación Psíquica

4/. Proyectar Emoción, concentrando Fuerza y Luz.

«El secreto componente es la Emoción», conocido por pocos, la chispa que activara la Creación Psíquica.

Con el ejercicio de Transmutación también lo lograremos. Acomodando los puntos tercer y cuarto de este ejercicio al alcanzar su parte más interna y llegar al Templo o Pirámide.

Arcanas "Escuelas del antiguo Egipto" indicaban: que los dioses dotaron a los humanos con capacidad de «Creación Psíquica»: la generación de realidades y la "Realidad total". Los maestros Tibetanos la usan vinculando Visualización y energía.

«Con la "Emoción" ¡Sí! hay Creación Psíquica.

¡Y funciona, vaya si funciona! **Obtendremos lo visualizado y sus consecuencias.** Lo positivo y la otra parte también. Casos:

1/.- Mejor Visualizar bien. A un experimentado inversor, le tocó un premio de lotería, unos meses después otro aún mayor. Al poco tiempo, un amigo fue a su chalet, estaba "dejándose morir". Invirtió mal y lo que aún le quedaba estaba inmovilizado. La familia separada, regañado con los hijos y su esposa.

2/.- Sin abusar. Semana santa en Granada, después de una mañana de maravillosas visitas en la Alhambra. Por la tarde bajamos en coches hasta la costa, a la playa, de pronto comenzó a llover. Salíamos en fila de la vacía playa, una amiga delante de mí pisa en la duna de arena. De repente veo algo de aspecto metálico que brilla en la arena delante de mí: apareció un reloj ¡es un Rolex! Un tiempo antes, una pareja de amigos me mostró en una cena en su casa, un reloj de esa marca y me agradó ¡Pensé me gustaría para mí!

1.3.3/. Defensa Psíquica.

Consiste en evitar la influencia de "Energías o situaciones no positivas". Ya por pulsiones de nuestro mundo interior, mente y emociones o de procedencia externa. Será nuestra primera línea de defensa. Históricamente hay varios métodos:

La Protección Superior.

Mediante la utilización de este criterio, se conseguirá evitar todo tipo de negatividades. Al Entonarnos internamente con el máximo nivel de vibración y bienestar experimentado:

«Lo que despierta está más allá nombres y formas»

Sea esta la definitiva protección. Limpiando así la mente de emociones negativas y deseos. **Al entonarse con el máximo nivel de experimentación y satisfacción, cuando nuestra «Presencia Interior se sintoniza con el Principio Superior».**

Está comprobado: lo que da más calma y es más efectivo, es enviar un "Haz de Luz" a la situación o tema que nos afecta. Mandar luz a otros menos positivos. Que los ilumine y disminuya la tensión, cambiando así la polaridad de la situación.

Un Tótem.

Tiene presencia y fuerza en sí mismo que se experimentara con su sola presencia. **Imagen que evoca al Principio Superior. Por medio de la intuición nos señala lo que hacer y ayudara a vivir.** Elegir el Tótem personal es importante. Ya sea un animal: ave, tigre, gacela. Fuerza natural: Viento, Trueno, rayo, río. El Tótem ayudara a conectar internamente y como refuerzo.

Oraciones e Invocaciones.

Algunos mueven rodillos de oración en Tíbet; otros realizan invocaciones en sus templos, desde Akenatón al sol. Miles de fórmulas de petición a sus dioses ¿Cuál es su frecuencia de conexión? En la edad media hicieron "Defensa Psíquica" con Oraciones ritualizadas frente a lo negativo, impecable refuerzo interno y estabilizador mental. Esta es de origen medieval:

«Por la voluntad de Dios todopoderoso. (+)

Saldrás de aquí. Y caerás por tierra. (+)

Mal ignorado. (+)

Visto o intencionado. (+)

Del cuerpo de estas criaturas… (Nombre)…(+)

Como cayó. (+)

La preciosísima sangra de Jesús crucificado. (+)»

(+) Realizar el signo de la cruz. Finalizada la invocación, repetimos 5 veces la oración: Credo. Persignándose a cada (+).

«Entonamiento y Transmutación para Defensa»

Los ejercicios que veremos, son excelentes "Defensas Psíquicas". Eficientes auto-defensa, **al aplicarlos con Emoción y Fuerza.** Sin ser un fin en sí mismos, ni mitificarlos. **Tener**

alguno muy claro, para rememorado cuando sean necesarios. Son cuatro los pasos a realizar:

1/. Respiración profunda y la erguir columna vertebral.

2/. Sentir como un haz de Luz de color dorado nos inunda. Generando un Aura alrededor.

3/. «Visualizarnos. Fuertes y serenos en la dorada Pirámide de energía o Templo como refugio interior».

4/. Proyectar y Concentrarnos en imágenes de armonía. Maestros y sabios. Mantras e invocaciones.

Un Mantra

Enunciarlo interna o externamente. Mantra de gran valor:

« Om Mani Padhme hum».

El más importante de todas las épocas. Cada uno seleccionara el que mejor le sirva. En las iniciaciones el Gurú lo asignaba.

Un Símbolo o Sitio de protección.

Lo capital es el cúmulo de activaciones interiores que induce y despierta, para la reconexión con altos niveles de Conciencia y Realización. **Es la imagen de un Templo interno: Catedral o Pirámide. Imagen de un lugar Psíquico o Refugio Interior.**

«Lo importante es lo que desata en nosotros» Ayudándonos a mantener nuestro nivel interno. Primordial lo que representa emocionalmente para nosotros Sin ser un fin en sí mismo.

2/. El Ejercicio de Transmutación.

Disfrutaremos ahora de un ejercicio que nos ayudará a permanecer más relajados y tranquilos. Regenerador de los planos físico y mental, nos sintonizara con las frecuencias de más alto grado que podamos concebir.

Ejercicio de capital importancia en la utilización natural del Universo Interno. **Para realizar: Consulta Interna, la Creación y Defensa Psíquicas»,** para realizarlas con más tiempo que con un Entonamiento.

«Transmutación: Regeneración en todos los planos»

Según los Alquimistas: «Todo lo manifestado se puede "Cambiar de nivel": como los metales básicos a oro, fruto de la alquímica "Transmutación interior", un oro interior que es de naturaleza psíquica. Es la Sublimación de nuestra tasa vibratoria, al elevar su frecuencia.

Se debe de estabilizar la parte interior para así poder lograr el bienestar. Este ejercicio nos guiará a estados muy profundos, a niveles placenteros de conexión y conciencia.

Activar la Tántrica Regeneración en todos los planos. Es el «"Camino Real", lo directo: La "Vía Aurea"». Impulsándonos a la "Liberación", la "Iluminación" de los iniciados. Despertar la Kundalini, energía que asciende por la columna vertebral, y nos impulsa a la Realización infinita.

Este ejercicio facilitara "el Gran Logro": «La Transmutación que será personal y también como grupo humano».

2.1/. Herramienta de paso Dimensional.

El Ejercicio de Transmutación propicia la relajación, la calma mental, habilitando el paso Dimensional, estableciendo un puente entre Planos de Manifestación y entornos. Es positivo el uso habitual de este ejercicio, que actúa como sintonizador de los niveles más altos.

«Este ejercicio es el Puente a la vibración más evolucionada. "Si allí estamos, ahí habitaremos"»

Conexionará los "Planos de Manifestación": desde la materia a los niveles más altos. Dimensiones o Planos que trataremos:

1. / **Energía.** Naturaleza interna de la materia.

2. /\ **Físico.** Plano material. Nunca un fin el sí mismo.

3. Δ **Mental** Puente dimensional. Sintonizador Frecuencias.

4. ◊ **Bardo** Plano Intermediario de las Dimensiones.

5. ◎ **Entidades que ayudan** Comunicándonos mensajes.

6. ◎ **Entidades que deciden.** Impactantes presencias.

7. ◎ **Principio Superior.** Máximo nivel de manifestación.

Mantendremos un nivel alto, para estar en sintonía con nuestro «Templo Interior». Encarar más serenamente "La Transición" o extinción del cuerpo físico. Reconoceremos al hacerlo las dimensiones por las que discurriremos durante la Transición.

2.2/. Tecnología de Regeneración.

Su Perseverante realización, mejor diaria, nos dará los resultados. Fruto de nuestra "Emoción en la Visualización".

1/. Comenzamos.

Relajaremos cada parte del cuerpo comenzando por los pies. Y en cada zona del cuerpo que hayamos relajado, también la llenaremos de "Luz Dorada" y su correspondiente Energía. Sentado cómodamente en un lugar sin ruidos, silla o sillón con respaldo.

«La espalda y la cabeza lo más rectas posible, sin forzar».

«Los pies bien apoyados en el suelo. Las piernas sin juntarse».

«Las "manos sobre los muslos" con las palmas hacia abajo ».

«Cerramos los Ojos. Y tomamos una "Respiración profunda"».

2/. Relajación Fraccionada / Física

Repetiremos mentalmente estas instrucciones: Centramos la atención primero en las plantas de los pies. Y llenaremos de energía cada parte Relajada. Decimos mentalmente:

«Las Plantas de los pies se relajan y distienden».

«Los Tobillos y Empeines se aflojan».

«En las Pantorrillas sentimos un suave hormigueo al relajarse».

«Rodillas y Muslos se aflojan. También la Base de los Muslos».

«Base de la Columna Vertebral. Subiendo por ella, bien recta».

«El Vientre y Pecho se aflojan y distienden. El pecho al relajarse, hace que respiremos con profundidad».

«Brazos se aflojan, manos sobre los muslos parecen fundirse».

«Los hombros al aflojarse caen a los lados. Hay que relajarlos completa y totalmente».

«El Cuello se distiende, es importante que se relaje muy bien».

«El Rostro parece como si sonriera, de tan distendido que está».

«El Cuero cabelludo se relaja. La frente se distiende».

«Sentimos un regenerador "Haz de luz dorada"». Energía que se manifiesta por fuera y dentro de nosotros como un Sol interior. Reintegra nuestra fuerza y bienestar a los más altos niveles de energía de nuestra vida.

«Transmutación fruto de la clara Visualización de nuestra imagen personal en el momento de máxima realización y potencia». Absorbemos esa imagen para su realización. Será está, nuestra "Imagen de Referencia".

3/. Una Respiración profunda y la Relajación Mental.

A través de la frente entramos al Plano Mental.

«Nos Visualizamos sobre una grada o escalera de tres peldaños». Sobre el primero nos encontramos con nuestro Maestro. En el que confiemos, el más auténtico para nosotros.

«Tomamos una respiración y bajamos al siguiente peldaño». Cada peldaño que bajamos estamos más y más calmados.

«Una nueva respiración y llegamos al siguiente peldaño ya en plano psíquico». Visualizamos allí un lago o mar de agua serena y tranquila. Sentimos que ahí se disuelven los pensamientos que nos inquieten».

Si apareciera en nuestra mente alguna inquietud, ya durante la realización de este ejercicio o en la vida diaria, llenaremos esa imagen con un haz de "Luz Dorada".

Más tarde llegará su resolución de manera sensata y correcta, sin agobiarnos, con este procedimiento y actitud. **«Reflejos vibrantes en el lago o mar, refulgen». Movimiento que disuelve todo lo que no sea Paz. Proyectamos allí imagen de nuestro principal guía y maestro, encarnado o no.**

Avanzando sobre el lago, rodeado por los Maestros y sabios "queridos por nosotros", nos acompañan sobre las aguas. Hasta que a los lejos Visualizamos nuestro "Templo Interior", vemos como nos vamos acercando poco a poco.

4/. «Llegamos a nuestro Templo Interior»

Cada uno elegirá el que más le evoque: Una pirámide egipcia o maya. Una ermita o Catedral, como ejemplo La «Catedral del Alma». Será el "Refugio psíquico", para mantener nuestro nivel. Posicionar y experimentar el «Principio Superior "más allá" de todo entendimiento»

Visualizamos la llegada a nuestro Templo: la "Catedral del Alma". Sus torres de color dorado. Su esplendor y fuerza.

«Penetramos en su interior recorriéndola hasta llegar a su corazón, en el centro de ella. Está llena de lo más evolucionado para nosotros » Allí hay un símbolo de especial significación, objeto elegido por nosotros. **"Visualizamos nuestros seres queridos, y a todos a los que ayudar"».**

Generaremos un Universo Interior. Dotado de lo útil:

Proyectar nuestras Visualizaciones más profundas y queridas. Momentos de Realización máxima, nos ayudarán para alanzar la más alta vibración y la conexión con la "Presencia Superior".

Todos los lugares, símbolos y objetos que deseemos. Un libro donde apuntaremos los objetivos a conseguir..

Es nuestro lugar de máxima Calma y reposo. Lo más confortable y grato psíquicamente. Visualizándonos y sintiéndonos «Que hemos llegado allí».

«Con una sola respiración regresaremos allí, al Templo interior. Experimentando "Su Presencia"»

Sentimientos que describen este ejercicio de «Gran significación interna y externa». Crea un lugar de estabilización y conexión:

Ahora me tienes junto a ti, dijo Dios a su ferviente devoto. Y no haces más que darle vueltas a tu cabeza pensando en mí. Hablas acerca de mí, lees lo que otros dicen de mí sus libros». ¿Cuándo te vas a callar y me vas a probar? ¿Cuándo a disfrutar?

El Principio Superior se posicionó en el "Centro de mi existencia". Su mención hace que mis ojos se alegren, una suave sonrisa aflora en mí. La experimento en este mismo instante.

2.3/. La Actitud de la Evolución.

"Nos erguiremos" nuevamente, **esta vez como grupo humano y como especie**. Caminar ahora el Espacio Psíquico de las Dimensiones Inmateriales». Disfrutaremos de nuestra "Conciencia incluso separada del cuerpo físico".

La evolución de la corteza cerebral fue en el "Cámbrico", hace 500 millones de años. Sus capas pasaron de tres a seis. **«Generamos ahora la séptima capa de la corteza cerebral».**

Todas las culturas anteriores hablaron de la "Dimensión Inmaterial". De un "Principio Superior", denominado con múltiples nombres". Y con la misma intuición sobre nuestro "Universo Interno".

Las cuatro "Zonas geográficas de la Evolución":

1/. «Mesopotamia. Egipto. Hebrea». Por primera vez el "Juicio de las almas" ante una deidad solar. Nace el monoteísmo. Y el criterio del Amor según evolucionanron conceptualmente.

2/. «Hinduismo / Budismo / Zen». En el Ganges, el concepto de Mente, desenmascarada como productora de dolor. La Meditación, el aquietamiento mental como solución.

3/. «I Ching». Surge una aquí una original concepción: los Cambios, la Mutación, los Ciclos y Tendencias universales. La consideración del vacío y la "no acción" individual.

4/. «Culturas indígenas». Espontáneas, prístinas. Su mirada fuerte, sin miedo. Estados alterado de conciencia auto-inducidos.

Estas cuatro corrientes de pensamiento coinciden: en la existencia de una "Dimensión inmaterial" y que las mentes primordiales de los individuos no encarnados sobreviven.

La evolución tiene forma de "Campana de Gauss". Hay una vanguardia, un grupo medio y la retaguardia. Aún hay peces con aletas adaptándose como patas en México. Si ocurre esto en el plano físico, qué no ocurrirá en el plano Mental e Interno.

Llevamos nuestro ritmo: durante «150.000 años» habitamos en cuevas. Abandonemos ahora los Neandertalismos culturales. Todo cambia, hasta las teorías científicas: la Teoría de Cuerdas.

Viajamos en un crucero interestelar: La Tierra", a más de 60 km por segundo, en rumbo de colisión con la constelación de Alfa Centauro. Lo correcto es buscar salidas, es lo más evolucionado.

Las nuevas corrientes de pensamiento, las hipótesis científicas fijan nuevos objetivos: **un estado de manifestación "formados solo de energía"**. El siguiente "Paso evolutivo" irá por ahí.

"La Evolución y el enamoramiento" son: estados alterados de conciencia. Nada existe sino la amada, o el amado. Avidez, deseo insaciable. Solo hay ojos y oídos para el amado.

**«Si no eres capaz de "Enamorarte",
déjalo, esto no es para ti».**

Tendremos «El Ánimo, el entusiasmo del que vive experimentando». **Esta es la "Actitud de Enamoramiento" referido a nuestro personal proceso evolutivo.** Ese es el "Secreto", de nuestra actitud depende todo realmente.

«Tener un solo objetivo cada vez» Determinemos solo uno. La imagen muy clara de lo que queremos. **"Una sola petición".** Mantener el sentimiento muy definido de lo que pretendemos lograr. **Ponerlo delante de ti en cada Entonamiento.**

3/. El Entonamiento.

Los niveles de conexión interna tienen su máximo nivel y las técnicas alcanzan su esplendor y utilidad, cuando están más allá de los convencionalismos, y de lo ya establecido.

Con el "Ejercicio de Entonamiento", en un breve espacio de tiempo, alcanzaremos una impresionante realización y conexión.

**«El Entonamiento, es primordial para
nuestra Evolución y disfrute»**

Espontáneamente producirá ese momento mágico, el estado de apertura a un Principio o nivel Superior que lo Transmuta todo.

Mediante el aquietamiento interno que se produce con Tai Chi, también lograremos alcanzar estados de gran calma, paz y de "Conexión Interna". **El que se produce al experimentar "la unión con nuestro nivel más alto de conciencia".**

**«Con Tai Chi que es Meditación en movimiento.
Lograremos la "Conexión Interna"»**

"Conexión en movimiento" nos aportará el Entonamiento con Tai Chi. Durante la realización de este ejercicio **Centrarnos "en la mano que está más elevada" al Concentrarse la mente se va calmando y nos lleva al "disfrute". Estabilizando un "Alto nivel de Conexión Interior".**

3.1/. El ejercicio de Entonamiento.

Puede realizarse durante nuestras actividades, en un corto paréntesis de tiempo, en menos de un minuto, y solo con una respiración. Es lo más efectivo para recuperar el nivel de Vibración y Energía:

1/. **«Realizar una respiración profunda, llenando bien los pulmones. Y "Estirar la columna vertebral" mientras respiramos».**

2/. **«Haz de luz dorada» Visualizar que la energía** se manifieste tanto fuera como dentro de nosotros, forma un Sol interior que se expande y nos regenera. Sale por los poros hacia el exterior. **Genera un Aura poderosa, con más de 4 metros de diámetro.**

3/. **«Experimentar** que los Maestros nos conducen por "el Lago hacia la Catedral del Alma"». **Penetramos en ella avanzando hacia su corazón.** Allí está la Pirámide y algún objeto especial, junto a las ayudas psíquicas que generemos.

4/. **«Experimentar el "Principio Superior"»** Rememorar cuando sintamos esa Luz que lo llena todo. Abiertos, serenos, sin esperar ni rechazar nada. **Disfrutar de esa alegría que nos dice ¿Cuándo me vas a probar? ¿Cuándo a disfrutar?**

«Visualizar en cada Entonamiento el "Libro Interior" con un solo Objetivo cada vez», con la idea de lo que se quiere conseguir. El claro "Objetivo seleccionado". El texto apuntado en él: indica lo que pretendemos lograr, lo que precisamos

Es muy importante hacer el ejercicio de "Entonamiento". Realizarlo a menudo, especialmente al comienzo de algunas actividades, cuando haya algo para lo que se requiera más atención, entonces potenciaremos su uso.

Es un método para concentrar la mente, de parar la "Charla Mental", con sus continuados deseos, apegos y aversiones. **Nos ayudará a incluir el universo de lo inmaterial en nuestra vida". «Y considerar más la gran noticia: la pervivencia de nuestra Consciencia, y utilizar nuestro Universo Interno».**

Como el Derviche, meditando en movimiento. Es el Éxtasis del que Danza internamente. «Danzando ahora, tanto aquí, como en los diferentes Planos de Manifestación. Experimentado y disfrutando de todos ellos, desde nuestra "Presencia Interior"».

«Quizás con un "Cuerpo de Luz"» como indican los maestros Tántricos. Alcanzaremos la vacuidad para conservar la Paz. Y su "Vibración de Fondo" unida a los niveles superiores».

El logro de Bienestar Físico / Un caso concreto.

Las potencialidades nuevas que conocemos, debemos de amoldarlas. Con la práctica y la experimentación conseguir su uso controlado. Refiero ahora un caso en el que logré bienestar a otra persona, sin embargo al no tener controlado el proceso, se produjo un efecto no deseado.

Vacaciones en Torla, valle de Ordesa, teníamos 18 años, mi pareja y yo habíamos regresado para cenar, después de un día de senderismo y maravillosas vistas. Ella se encontraba regular, en la atardecida, le dolía la axila derecha, algo mareada y tenía fiebre. En la axila había un "Absceso", es un forúnculo muy abultado.

Lejos de casa, ¿cómo poder ayudarla? Tenía medicinas, siempre las llevo, hasta cuando andamos. Era principio de verano, anochecía a las 22 h. Habían pasado ya 2 horas, la fiebre era mayor y estaba decaída. El tema se ponía preocupante.

De pronto se me ocurrió: conocía técnicas de regeneración física mediante energía. Me puse a intentar ayudarla y realizar el ejercicio. Fue similar al de Entonamiento, unas respiraciones para cargarme de energía y la Visualice solo a ella.

No me protegí energéticamente, y además cuando realicé el ejercicio, con pases de energía, sentía como que "le arrancaba, le quitaba", me llevaba con mis manos su absceso. "Deseaba tanto que mejorara".

El caso es que así fue, a la mañana siguiente ella, despertó, sin fiebre y de la axila había desaparecido el absceso totalmente. Sin embargo había un matiz: era yo el que lo tenía ahora. En mi brazo derecho, en la misma posición y zona que ella lo había tenido, había ahora en mi axila un absceso, de igual forma y tamaño del le quité a ella por la noche.

«Se deben Visualizar bien a los dos. El que lo realiza protegido con energía: una pirámide. Y proyectar la energía sin absorber la dolencia del otro»

Reflexión: Solo proyectar energía. Practicar esas efectivas técnicas, sin estar nervioso y protegerse energéticamente, evitar sentir que le quitas lo negativo, arrastrando la dolencia. Ser como lente que aumenta y concentra el paso de Luz y de energía. ¡Y funciona, vaya si funciona¡

3.2/. Conexión en Movimiento.

Es lo que lograremos: Entonamiento interno durante el ejercicio Tai Chi. Al Concentrar la mirada en la mano que está más arriba, realizas una forma de Meditación en movimiento.

Te estás moviendo, efectúas los ejercicios de Tai Chi, sin embargo hay mucho más: Generas un vórtice "Transmutador y Evolucionador" de inigualable potencia y disfrute.

«Entonamiento con Tai Chi. Estarás en
niveles "Altos de Conciencia". »

Es su máximo nivel de realización: el Tai Chi Contemplativo, «La clave está en conseguir que el Entonamiento con Tai Chi, sea un medio de conexión interior con la «Presencia Superior». **Mantener un equilibrio entre el disfrute del mundo inmaterial y el material, dejando un tiempo para ambos.**

Cada mañana cuando realizo la serie de Tai Chi y conecto conscientemente con esa «Inmaterial Dimensión», todo se transforma, el gozo es indescriptible la sensación es extraordinaria. «Por esos momentos de "Conexión Interna y Externa", el día es un pequeño paraíso ya aquí» **entrando en meditación mientras realizo los ejercicios de Tai Chi.**

«La vista bien concentrada, debe de seguir a la mano que está más arriba, normalmente a la altura de los ojos». Y pasar la mirada de mano una a la otra, según suben la una y la otra. Durante el ejercicio de Tai Chi, vas entrando en un estado de calma inenarrable, llegando a entonarte con algo de mayor nivel.

Tiene trascendencia concentrar la mirada en esa mano más elevada: al centrar la mente en ese punto, los pensamientos se calman. La «Charla Mental» se va aquietando. «Se siente la "Presencia de lo superior"».

«La vista Centrada en la mano que está más arriba»

El entronque cultural y filosófico del Tai Chi es el Taoísmo, su referente es I Ching generador de ambos. Creando esta maravilla: una nueva visión del cosmos. Vemos a Tai Chi que considera la nada, el vacío y como solucionador de lo dual, desde estas claves:

- ❖ Lograr lo rápido con lo lento.
- ❖ Llegar al movimiento desde la quietud.
- ❖ Dominar a la dureza con la suavidad.

Los movimientos de Tai Chi son 88, se realizan suavemente, despacio y circularmente. Muy positivos para el organismo, dándonos elasticidad y relajando el cuerpo. Proporcionando equilibrio interno».

Realizar la respiración de manera natural. El Chi (energía) que circula por el cuerpo, esa energía en lo alto de la Cabeza será sensible y ligera.

Cuerpo de Luz: en Tíbet la capacidad de usar esa energía. Allí hablan también de «La Mirada interna y externa» como generador de la existencia. En **"Poner el Espíritu en la mirada"**. Y como poderoso activador de nuestra energía.

3.3/. Imágenes de Referencia.

Fruto de momentos con especial significado y sentimiento para nosotros, estableceremos internamente esa imagen muy clara. Recordaremos alrededor de 10 Imágenes de Referencia y las Visualizaremos en los ejercicios de Entonamiento y Transmutación. Nos ayudaran a reestablecer la "Armonía y Paz" internas, consiguiendo nuevamente recuperar la estabilidad.

Se puede generar una Imagen de Referencia, mientras contemplamos el brillo del sol sobre el mar, que emite cientos de pequeños reflejos de luz simultáneamente. **Si «abrimos la mirada», abarcando todos los brillos a la vez, parecen entrar en nuestro interior, experimentaremos una subida de energía y conexión importantes.**

«Seleccionar las Imágenes de Referencia al ver y experimentar momentos de especial fuerza y belleza»

Una imagen de naturaleza, desde un mirador en una puesta de sol. En una antigua ermita, unos rayos de luz colándose por un ventanal. Un momento especial, al lograr un objetivo, como en una peregrinación, al sentir que llegaste. **Es la Plenitud, ya no precisas ni quieres nada más. Es sentir la satisfacción en todos los planos.**

Los maestros Tibetanos hablan de esas imágenes como ayudas durante el Bardo: el viaje una vez desencarnado, por la otra dimensión. Nosotros las usaremos en nuestros ejercicios.

Estos monjes practican con ellas todos los días, de la mañana a la noche, en sus ejercicios de meditación, para tener la estabilidad suficiente que les ayude a tener una "Transición serena".

«Tener muy definidas unas 10 "Imágenes de Referencia". Y usarlas en las Visualizaciones de los ejercicios de Entonamiento y Transmutación»

Dicen que durante la Transición también dependerá de "como tengas él día", se precisa de un poco de suerte. **La ayuda de esas "Imágenes de Referencia" dará el aliento, la calma y seguridad en ese proceso.**

«"Las Imágenes de Referencia", que hayamos seleccionado deben estar muy claras y asentadas internamente. Ya que nos ayudaran en la Transición»

Las utilizan los eremitas del Ganges, los místicos en sus monasterios y los egipcios en la visualización de sus dioses. Todos ellos las utilizaron a su manera, con sus fines propios y sus "imágenes de ayuda". Nosotros las llamaremos **«Imágenes de Referencia»**.

4/. I Ching / Guía y Decisión.

En este texto se presentan técnicas que usan recursos de los "Planos más evolucionados", I Ching es una de ellas. Tiene el carácter de libro sapiencial y con su capacidad para realizar consultas, funciona de una manera clara y comprobable.

Es algo diferente de todo lo que hay en occidente, está más allá de convencionalismos culturales al uso. Es un "Impresionismo Filosófico". Prístina corriente cultural que surge hace 4000 años.

De entrada ya es un gran acierto antes de decidir sobre algo: "Pararse y sintetizar en una pregunta la situación". Mirar el laberinto desde arriba, veras así la mejor salida y destino.

«Excelente en la toma de decisiones. Guía Interna y Externa. Extrae datos del Subconsciente y de instancias más evolucionadas»

Durante más de 40 años acertó siempre, brillantemente. **Ayudándome certeramente en la toma de decisiones, tanto temas importante de la vida, como en los transcendentes.**

Se manifiestan por medio de I Ching, sabios de tiempos pretéritos. **«Estar en línea con las tendencias dominantes: Los Ciclos, la Mutación y el Cambio».** Las corrientes del universo y la necesidad de estar en armonía con ellas.

Al orientarnos en cómo dedicar nuestro esfuerzo, nos ayuda a que ganemos mucho tiempo. Encaminándonos por senderos más seguros. Dándonos la capacidad de poder elegir.

4.1/. Como Técnica Proyectiva».

Es la condensación en forma de libro de una corriente cultural singular. Muy diferente de otras formas de pensamiento tanto de Oriente como de Occidente. **Técnica proyectiva que extrae de la parte Subconsciente la guía que solicitamos en la consulta y un conocimiento de gran valor.**

«I Ching extrae información del Subconsciente »

Solemos inhibir respuestas ya resueltas por timidez o abstraídos por otros temas, dejándolas almacenadas en la mente, en una de las plantas que compone nuestro edifico mental.

Libera ese conocimiento y permite que afloren todas esas valiosas respuestas. Sin embargo también algunas veces afloran espontáneamente. Einstein al describir el momento en el que descubrió la Teoría de la Relatividad dijo: Fue algo súbito, se produjo en un minuto. ¡De pronto se me ocurrió!

«Además de sugerirnos el camino Correcto. Nos indica la "Actitud Interna y Externa" a tomar»

El texto de I Ching establece la preponderancia de lo "Correcto", más allá de convencionalismos. El texto te responde a lo que has consultado. Es algo notable. ¡Es así!

Nos permite conocer cuál es la correcta "Actitud" a mantener durante el proceso que nos afecta y sobre el que le consultamos.

4.2/. ¿Qué es I Ching?

Útil sistema de Consultas, muy certero para la toma de decisiones, que nos conducirá evitando riesgos innecesarios. Asequible a todos y nada complicado de realización. Texto sapiencial y oracular, brújula certera para orientarnos.

Dictamina sobre la consulta realizada al leer uno de los 64 **Hexagramas del texto I Ching, recogidos en la traducción realizada por R. Wilhelm.** Esta es una técnica de naturaleza proyectiva con el aval de siglos en su uso.

«I Ching tiene 64 Hexagramas. Son apartados de
su texto, describen las Respuestas a lo Consultado»

En el libro hay dos partes similares. Los primeros 64 Hexagramas (Libro I) son los que utilizo habitualmente y están al comienzo del libro. Fueron escritos por el rey Wen y su sobrino el duque Zhou (Chou), es la interpretación en la que está la esencia primigenia de I Ching.

De la mitad, hasta el final está el (Libro III). También hay otros 64 Hexagramas, su respuesta es similar, una copia del Libro 1 con una interpretación más cercana a lo social, son de Confucio.

**«El Libro 1 es el que utilizo para resolución de La
Consulta por la frescura de sus Hexagramas »**

«I Ching. La Encrucijada y Decidir». Nos ofrece la salida. **La condición fundamental es tener una plena receptividad interior: "Veracidad"**. Eres quien elige su destino, ahora con muchos más datos y las mejores claves para su mejor resolución.

Obtendremos la respuesta con el uso de tres monedas, que lanzaremos 6 veces. Sumando el valor de sus caras, conoceremos cada línea. Componiendo el Hexagrama con seis líneas, cuyo texto leeremos para conocer la respuesta que I Ching nos da.

«La Consulta se realiza con tres monedas lanzadas a la vez para cada línea. Seis veces un Hexagrama»

Al activar la parte Subconsciente, nuestra «Voz Interior». Nos dirá la forma de conducir la situación a nuestro favor, de manera correcta y positiva. Inicialmente se usó para determinar donde construir los asentamientos humanos, las fechas de siembras y cosechas, estrategias militares y el gobierno al pueblo. Se usó en la corte imperial por muchos siglos.

«Muestra que todo está en continua Mutación y Cambio. Siendo este el único "Principio inmutable del universo"»

La traducción de Richard Wilhelm (1873 -1930) es la mejor para su comprensión y uso. Publicada en 1948, en alemán la prologa C. Jung, amigo de R. Wilhelm y defensor de I Ching.

Una consulta abierta se convierte en un **criterio superior al responder I Ching a: "Guía: ¿Qué debo hacer?"**.

4.2.1/. Cuándo Dónde y Cómo.

Será de gran relevancia en nuestra vida si lo usamos "Correctamente". Está más allá de utilizarlo solamente según una normativa. Hacerlo guiados por nuestra «Presencia Interior».

Dejaremos que este fabuloso mecanismo de Asociación y Sincronicidad, produzca la afloración hacia nuestra mente de esos valiosos datos para la resolución de la "Consulta". **Abrir la mente y permitir que vayamos conectando los datos que del texto emanan, con los términos de la consulta efectuada.**

Cuando Consultar.

¡A tiempo! Al principio las situaciones es posible guiarlas, al ponernos en sintonía con las claves de actuación que I Ching da.

Evitar que la Consulta se convierta en un "Fin en sí Mismo", realizándola demasiadas veces. Con moderación y para "Temas Importantes". Descríbela muy claramente.

Las realizo desde la atardecida a la madrugada, se pueden hacer en otro momento sin ningún problema. Tipos de Consulta:

Abiertas: Son muy valiosas, de profundidad y valor inigualable:

Guía Interior.

De "Ciclos": Guía en mi cumpleaños / en mis 40 años.

Estacionales: Guía para la Primavera / para el año 2025.

Cerradas: Un tema con claridad, el tiempo y la situación. Ej.

¿Debo aceptar el nuevo trabajo que me han ofrecido?

Donde consultar I Ching.

Mejor en un lugar bien seleccionado, silencioso y lo más confortable posible. Sin estar cansado, para interpretar bien y poder leer entre líneas los sutiles mensajes que I Ching nos da.

Tener el Libro en casa sin sacarlo. Y siendo utilizado por un solo consultante cada libro. Taparlo con una tela como si lo forrásemos. Con respeto, pulcritud y dignidad.

Como realizar I Ching y El Material.

Efectuar un ejercicio de Transmutación o de Entonamiento teniendo las monedas entre las manos, recordando la pregunta. Dejarnos un tiempo para efectuarla la Consultar con calma, el mejor momento es durante la tarde y hasta la media noche. Utilizando elementos que nos Entonen:

Una Vela encendida, poner luz suave.

Mantel para lanzar las 3 monedas y poner el libro.

Un poco de incienso, sin excesos.

Efectuar la Pregunta Clara y Completa es decisivo

Definir muy claramente el contenido, el texto exacto de la pregunta. La anotaremos en la parte superior del papel donde **iremos apuntando las líneas, comenzando desde la de más abajo que es la primera del Hexagrama de esa consulta.**

«Al establecer "la Pregunta claramente", lleva en sí misma el germen de la Respuesta». **Evitar el "Repetir Consultas"**

sobre una misma pregunta. Mejor es esperar unos días. Si es preciso, efectuar la pregunta desde otra perspectiva.

Facilitará la Comprensión del texto de I Ching.

Considerar las partes del Hexagrama que nos resuenen internamente, frases, palabras que concuerden, con aspectos de la pregunta. Algún párrafo puede no ser considerado, al ser solamente referentes históricos o culturales.

«Sentir las ideas relevantes que nos llegan,
mientras leemos el Hexagrama y
concordarlas con la pregunta»

Tener en la mente nuestra pregunta mientras leemos el texto del Hexagrama Será como coordinar varias ideas simultaneándolas en nuestra mente.

¿Cuál es el modo correcto de actuar?

I Ching nos da la posibilidad de decidir, para ponernos en **Sintonía con las Tendencias dominantes** en ese momento.

Dictamina con claridad, responde a las "Consultas", concretando con una precisión y sensatez que inicialmente nos deja sorprendidos, para después maravillarnos.

4.2.2/. El Hexagrama de la Consulta.

Con el fin de obtenerlo, lanzaremos seis veces las tres monedas. Las caras de cada moneda puede valer: Yang (3) o Yin (2). Se suman los valores las tres monedas y se obtiene un número, que puede ser: 6 – 7 – 8 – 9. Determinará si es línea **Entera (Impar 7 o 9). Quebrada (Par 6 o 8).**

En la antigüedad antes del Hexagrama, se realizaba solo una tirada. Buscaban un **Sí (línea entera)** o **No (línea quebrada).**

Enteras ─────────

Quebradas ─── ───

En cada lanzamiento con las monedas obtenemos un número, por la suma de los valores de las tres monedas lanzadas. **La primera línea que anotaremos será la de más abajo o base del Hexagrama**, que está compuesto por seis líneas.

«Lanzaremos tres monedas seis veces. Obtenemos el número del Hexagrama que leeremos»

Sumará 3 la cara Yang de la moneda. Que tendrá grabada la cifra 1 o los símbolos: cabeza masculina o jinete.

6	(2+2+2)	Línea Quebrada. – –
7	(2+2+3)	Línea Entera. ──
8	(2+3+3)	Línea Quebrada. – –
9	(3+3+3)	Línea Entera. ──

Sumará 2 la cara Ying de la moneda. Sin textos o con símbolos de cabeza femenina, casa o barco.

Sumaremos el valor de cada una de las tres monedas: los valores: **6, 7, 8, 9.** Por cada lanzamiento obtenemos una línea. Veremos si es: Entera o Quebrada.

Con la primera Tirada con las tres monedas obtenemos la línea de abajo del Hexagrama. Al lanzar por sexta vez tendremos la última línea: la de arriba del Hexagrama para pregunta realizada.

**«La Clave de Identificación del Hexagrama.
Está situada al final del libro».**

Identificaremos allí el número del Hexagrama que corresponde a nuestra consulta. Ejemplo de Hexagrama:

——————
——— ———
——— ———
——————
——————
——— ———

(Primera línea de la tirada con las 3 monedas)

Identificaremos las tres líneas (Trigrama) de abajo de nuestro Hexagrama, en la <u>Clave de Identificación del Hexagrama</u>, vemos cuales coinciden en su parte izquierda.

Y con las tres de arriba del Hexagrama, vamos a la parte de arriba. En la intersección de ambas está el número de Hexagrama que nos corresponde.

Buscaremos el número obtenido en <u>La Clave de Identificación</u> del Hexagrama en los capítulos del libro.

Comprobaremos siempre que nuestro Hexagrama y el representado al comienzo del capítulo o Hexagrama del libro son iguales. Que tienen la misma forma y estructura.

Después, y solo después de esa comprobación, realizaremos la lectura del texto del Hexagrama de I Ching En la primera parte Libro I y opcionalmente en el Libro III.

Activando nuestra parte interna, asociaremos las claves internas que nos dará el texto del Hexagrama. Y será este conjunto de certidumbres lo que resolverá la Consulta que hemos realizado.

Cada Hexagrama está compuesto por dos grupos de tres y tres líneas, que se denominamos "Los Trigramas" 3 líneas cada uno.

(Esto es un Hexagrama)　　**(Estos sus dos Trigramas)**

La "Clave para la identificación de los Hexagramas" está situada al final del libro, en la última página del I Ching.

Los Trigramas están a cada lado: En el de la Izquierda las tres líneas de abajo de nuestro Hexagrama, en la parte de arriba de la matriz nos veremos las tres líneas de arriba.

En los cruces de la matriz vemos el número de Hexagrama que nos corresponde, y este es el que leeremos.

Clave Identificación de Hexagramas

(Trigrama Superior)

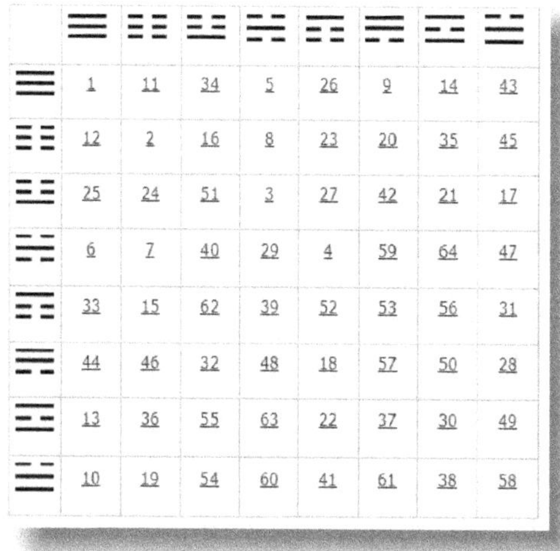

(Trigrama Inferior)

Se busca el número de Hexagrama, en la parte del Libro I y opcionalmente después, leeremos el texto de ese mismo número de Hexagrama en el Libro III en la segunda parte del libro. Estas son las claves para obtener la respuesta a nuestra consulta. Y esto es un privilegio y además una delicia.

4.2.3/. Acerca de la Respuesta.

El significado de las respuestas que I Ching nos ofrece para así: **«Adaptarse bien activa o pasivamente a los "Cambios" a las tendencias con el cambiante fluir de las "Corrientes Universales"».**

Según la práctica en estos 40 años, **leo primero el Hexagrama en la valiosísima descripción del Libro I (Páginas 79 a 339) que es más espiritual,** para después y solo de manera opcional (según mi experiencia) en el Libro III (Páginas 460 a 805).

<u>Que nos encontramos en la Respuesta.</u>

Nos guía para mantener una **"Actitud Central y Correcta".** Fomentada a cada paso por sus claves y dictámenes.

«"La Presencia Interior" entona tu Subconsciente.
Para que "Reconozca", lo que tu Corazón ya sabe»

Encontraremos los siguientes apartados en el texto de I Ching:

El Hexagrama: Las 6 líneas que lo representan.

El número del Hexagrama: (1 al 64).

Su nombre en chino, ejemplo: (Chíen).

La traducción del nombre al español: (Lo Creativo).

Los Trigramas: Sus nombres y representación.

El Significado del Hexagrama.

Los apartados del texto: El Dictamen. Comentario para la Decisión. La Imagen. El gran Tratado. Aportan los datos

Las Líneas: Si coincide el número de la línea (6 o un 9), con las de este apartado, se leerá. Las líneas actualmente no las veo necesario utilizar. **Aunque aquí las describo por respeto, prefiero ceñirme solo a la aportación original del Libro I.**

La práctica, la experiencia personal nos guiaran para utilizar, lo que nos funcione y sea relevante en la utilización de I Ching.

<u>Como Analizar.</u>

Hay que aprender a abrirse a la pregunta y el texto que I Ching nos manifiesta. Como una idea que está en la mente mientras leemos.

Busquemos concordancias: palabras, ideas o sentimientos expresados por el texto de I Ching: "Que nos resuenen internamente", sentiremos que responden a lo preguntado.

«Recordar la pregunta mientras leemos el I Ching»

Tener la Consulta en nuestra mente al leer el texto de I Ching. Y veremos a veces párrafos enteros, **conceptos que nos evocan nuestra consulta, y toman preponderancia sobre el resto, como cuando recordamos algo.**

Observaremos reflejados en él texto las "Claves e Ideas" útiles que concuerdan y aclaran nuestra consulta a I Ching. Son el enlace entre consulta y respuesta.

<u>Diagrama de cómo funciona, y se genera la Asociación de Ideas / Intuición en la Consulta de I Ching</u>.

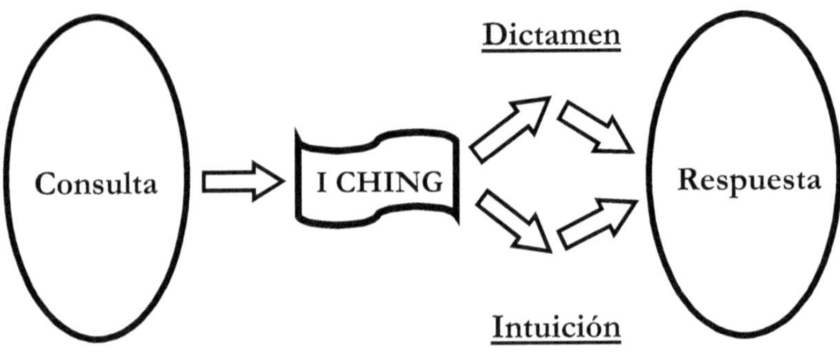

Activaremos nuestra Intuición por la realización previa, del ejercicio de Entonamiento o el de Transmutación, calmando la mente con respiraciones y Visualizaciones, logrando así la estabilidad y nivel adecuado.

«Verás en el texto conceptos sobre lo preguntado»

Importante para la mentalidad de los que crearon I Ching es la Sincronicidad: el considerar a cada momento como algo no fortuito, sino encadenado a funcionamientos de tipo más universal, que enlazan tendencias y momentos de "Cambio". Nos interrelaciona y armoniza con altos niveles de conciencia.

Atención a lo que nos manifieste I Ching.

Seremos cuidadosos con lo que nos manifieste. Atención a la gravedad de los hechos que nos informe I Ching. Relajados si los datos son positivos y el Dictamen manifiesta "Éxito y es propicio".

«**Atención a las Claves y Prevenciones
que nos muestre e indique** »

I Ching además de predecir, te dota de la posibilidad de: "Elegir y Actuar". Nos resuelve la Consulta y en función de la maestría en la aplicación de la respuesta, en la actuación para aplicación de I Ching se obtendrán los beneficios. El Consultante ya no es un mero sujeto pasivo, a merced de las circunstancias.

4.3/. Aclarar conceptos y significados.

El texto del Hexagrama muestra la manera de ponernos en línea con las "Tendencias y los Ciclos", así podremos solventar con éxito la Consulta de la manera más evolucionada y correcta.

<u>La Respuesta de I Ching y con Hexagrama.</u>

Receptivos, sin juicios previos o ideas fijas de la respuesta. Abiertos a lo que el Hexagrama indica, es estar realmente receptivos. I Ching solo nos podrá dar el máximo provecho si:

«**Tomar una actitud Receptiva e interiormente Veraz**»

Mezcla de pensamientos: Cuidado, si hemos elaborado una pregunta y atenazado por varios acontecimientos o vicisitudes. Si se está pensando en otra persona o situación, mientras se lanzan las 3 monedas. I Ching puede llegar a responder a las dos cosas a la vez. Hay que reconocer con claridad la respuesta a cada tema.

Como es lógico, el que lleva más tiempo utilizando I Ching, logra extraer respuestas de un ochenta por ciento de todo lo que se podría lograr asimilar. Otra persona que lleve menos tiempo, menos datos extraerá, **sin embargo "Lo obtenido es de Oro".**

Durante la interpretación del texto nos encontraremos con frases y palabras, unas tienen un significado aparente y otro explícito. Las notas que con los años he encontrado en I Ching, **son muy apreciadas y buscadas, las veremos ahora.** Por eso consideren al leer I Ching esta aclaración complementaria:

Frases y Palabras con Significado Explicito:

«Arrepentimiento» Surgirá al darse da cuenta de nuestras imperfecciones, si se tiene la actitud de corregirlas o repararlas, hay arrepentimiento. En caso contrario habrá consecuencias.

«Cambios o Mutaciones» Nos guían para ponernos en sintonía y armonía con todo, se manifiestan continuamente a nuestro alrededor, fruto de las leyes naturales y universales.

«La Conciencia del Peligro aporta ventura» Atención ya que hasta físicamente se puede correr peligro si no se atiende al oportuno y veraz aviso que I Ching nos da.

«El Caldero» Significa la alimentación de los dignos, muchas veces no solo en el plano material, sino también en el interno o espiritual.

«El Dragón» Representa la dualidad Yin-Yang. Simboliza el día y el cielo, es un signo de fortuna.

«El firme asciende y honra al digno» Ser capaz de aquietar el vigor, esto es muestra de "Gran Corrección".

«El Hombre superior». Mantiene su inocencia interna, es positivo y activo, intenta lo mejor para su comunidad. Superior e inferior existen en la persona. Entonarnos internamente para el triunfo de nuestra parte más evolucionada, el hombre superior.

«El Hombre inferior» Es el hombre débil, incapaz de hacer frente a las situaciones, es mentiroso, acomodaticio, no tiene autocrítica y por tanto no es capaz de modificarse.

«El Noble» Cuando menciona este criterio se está refiriendo a la persona que realiza la Pregunta a I Ching.

«El Perdón» Cuando dice que "El Arrepentimiento se va" significa que ya hemos trabajado el Perdón.

«Emprender algo» Activarse para proyectar y llevar a cabo algo, ya sea del Plano espiritual o material, según lo preguntado.

«Es propicio atravesar las grandes aguas» Éxito en la realización de lo consultado. Tener confianza, hacerlo. Ya que está en armonía con el cielo.

«Es propicio ver al gran hombre» Sacar del interior lo que uno realmente siente. Contactar con los responsables.

«Éxito "Elevado éxito"» Se consigue lo buscado. Éxito resultante por el acuerdo del cielo con nuestros objetivos.

«Falta» Cuando se ignora lo recto y se comete por descuido (no hay intención) algo que no es lo correcto, se trata de una falta.

«Favorable / Desfavorable» Favorable: si el Dictamen coincide con la consulta realizada. Desfavorable: si desaconseja realizar lo consultado.

«Humillación» Símbolo del hombre que se aparta del Camino Recto. Mientras sea incapaz de corregir sus errores.

«Ir a alguna parte» Tiene que ver con moverse con el fin de lograr un proyecto determinado.

«Ir y Venir» Con la corriente del tiempo. Venir designa lo que se acerca; moverse hacia. Ir indica lo que se retira, proseguir.

«La Alimentación» Se contempla tanto en el aspecto de la alimentación del Plano Físico, como la alimentación Espiritual.

«La Fuerza Domesticadora de lo Grande» Ten fuerza y vigor. Enciérrate y ejercítate en la defensa. Es la única vez que I Ching nos habla de defensa hasta física.

«La Quietud» Evitar una actitud individualista. Actuar en armonía con lo que hace el resto o lo que pasa. Evitar lo unilateral.

«La Viga maestra se dobla por el medio» Situación límite, el sobrepeso dobla la estructura, rompe el Equilibrio y la Armonía.

«Lo Firme y lo Blando» Sujetos: Yang Creativo, Padre, el Cielo, la luz. Yin, lo Receptivo, la Madre, la Tierra, la noche.

«Logro» Nos indica la realización de lo buscado, nos requiere más trabajo interno o externo.

«Los Cuatro Puntos Cardinales» Actuar en todas direcciones. Y representa los cuatro elementos. Fuego/Agua, Madera/Metal. El quinto es la Tierra, en esta cultura.

«Los Tigres» Símbolo de lo material. Cambia el plano material de lo Consultado: firmeza, fuerza y urgencia.

«Ninguna Falla» Nada impide el logro o consecución de lo que necesitamos, el objeto de nuestra consulta.

«Ninguna Falta» No hay nada que falte en la situación y es el momento de hacer lo consultado.

«Peligro» Atascado y en peligro; incapaz de apreciar la situación. El flujo de la vida y el espíritu están bloqueados.

«Propicia la perseverancia» Nos indica la tendencia positiva de nuestra consulta. Si dice "Es propicia la perseverancia": continuemos con lo propuesto en la pregunta.

«Si hay Segundas Intenciones es Humillante» No se da cuenta de sus imperfecciones, hay la oportunidad reparar y no quiere, entonces surge la humillación.

«Sin Macula» El sigue o retorna al Camino Recto (no hay Falla).

«Trae ventura no comer en casa» Aceptar un cargo o una función. Ganarse el pan en la vida pública.

«Ventura y Desventura» Indica pérdida o ganancia. Las desviaciones del camino o de lo recto se llaman imperfecciones.

Figuras de familia: padre, madre, hijos e hijas: mayor, menor y pequeño. Estos personajes solo representan sus funciones.

Para I Ching el "Hombre Noble" es quien realiza la pregunta, el Hombre orientado a lo Superior, cercano al "Hombre Verdadero".

«I Ching en tu vida debe ser una Herramienta Liberadora, nunca un fin en sí mismo»

¡Un Gran Tesoro! Ojalá quienes usen I Ching lo disfruten tanto como yo, de ese tiempo hermoso, por la reconfortante unión interior que este texto siempre me aporto.

(R. Wilhelm)

5/. Iniciación / Peregrinación.

El Peregrino jamás regresará al punto de partida. Emprendió un "Camino", llegó a un nivel desde el que ya nada será igual. **«Iniciación y Peregrinación. Dan las claves, para la resolución de las preguntas capitales del ser humano».**

**«Al Peregrinar se realiza una Iniciación.
En la Iniciación peregrinamos al Principio Superior»**

La Iniciación.

Es mucho más que una ceremonia, provoca una "Transmutación Interior". Los cambios que se producen durante ella, amplían nuestros niveles de conciencia. Creando una huella indeleble, definitiva. Se genera: Un "Estado Alterado de Conciencia", activado por: la conexión interior y la intuición. **«El buscador mismo es lo buscado».**

La Peregrinación.

Atesoremos bien el logro del gran estado de Satisfacción que se experimenta, "Al llegar". Al sentir que has "Transmutado la vida". Que ya poco o nada más precisas.

Algo pasa, algo ocurre en ese periplo espacio temporal que es el "Camino, la Peregrinación". Cada uno manifiesta lo que es y en donde está. Poderosas potencias se abren, con ojos especiales se ve todo. Muchos ante tal empuje y realización se Transmutaran.

5.1/. Indescriptible el "Haber Llegado".

Estás satisfecho, lograste la Conexión Interior. Vivirás siempre con la actitud de **«Haber llegado»** la del Peregrino. «Estable, con una alegría serena, que ciertamente se ha mudado al corazón con la intención de quedarse y que da solvencia a nuestra vida».

Continuamente estas en el lugar adecuado y de la forma correcta. Totalmente relajado, una sonrisa se establecerá en la boca. Interesado por todo y en nada a la vez. « Es la Plenitud ».

«Solvencia Interior, calma y disfrute
"Al Haber Llegado"»

«Todo discurre enlazado, estado de "Realización total"». Regresaras a lo diario, sin embargo Transmutaras las situaciones y sentirás lo que experimentaste: Un "Camino hasta el infinito". Así se saludaban los peregrinos medievales:

¡Ultreia!   Más Allá (decía uno).
¡Et suseia!   Hasta el infinito (le respondía el otro).

«No te interesa juzgar nada, ni a nadie» ya no lo necesitas. Liberado de ese sufrimiento, lo observas todo desde afuera. Tu corazón pertenece también a otro nivel o dimensión. Lograste la "Transmutación" a un mayor grado de vibración.

5.2/. La Iniciación y su asimilación.

Impactado por el ritual, a veces se obtiene conocimiento tanto en la Iniciación, como después. Despiertas como de un sueño con todo más claro, **extrayendo nuevas claves y conceptos.**

Iniciaciones en la historia

* **Egipcia**. Al amanecer Akenatón venera al dios sol, en sus templos sin techo para que su luz les envolviera. Otras eran realizadas por la noche, **el neófito tenía que superar pruebas**. En los "Portales": puertas flanqueadas por guardianes. Solicitaban conocimientos y claves para así poder acceder a otras zonas del templo, reservadas solo para los iniciados.

* **Hinduista**. En el Ashram o templo, el altar lleno de flores, un cuadro del maestro, incienso y música de sitar. Llevábamos: flores, un pañuelo blanco y fruta. El maestro nos dio individualmente el Mantra a cada uno. Lo repetiamos primero con voz baja, después más y más suave, hasta hacerlo mentalmente. **Entrando así en Meditación, al parar los pensamientos, sin luchar con ellos.**

* **Los Inuít**. Sobre los hielos glaciares a su dios EIEH. La ceremonia 30 minutos antes de la puesta de Sol. Cánticos cuya acompasada repetición: "EIEH" sume en un estado alterado de conciencia. Canticos que aún resuenan en los hielos del Ártico.

* **Taoísta. La nada, el vacío.** El no hacer, actitud para evitar acciones individualistas. Ponerse en sintonía con las corrientes y tendencias del universo "Los Ciclos". En sus templos La veneración a los antepasados y a los dioses. Con I Ching para solicitar guía: una vela, incienso y objetos que evocan esa cultura.

* **Budista.** Iniciación que incluía la enseñanza del ejercicio de **Meditación por medio de unas respiraciones, observando y sintiendo como el aire entra y sale por las fosas nasales**, para caer en un estado de profunda calma. **Vigilar la mente, y evitar el sufrimiento generado por: Apegos, Deseos y Aversiones.**

* **Tibetana.** Iniciación de Ayagibra, su fin es liberarte el karma de negatividades. La estancia adornada con Tankas de deidades, incienso, y cuencos o campanas tibetanas. Invocaciones y letanía en tonos graves y profundos. Túnicas color azafrán, y al final una gratificante meditación. Al salir te sientes más ligero internamente, una sensación que dura bastante tiempo.

* **Caballero.** Rodilla en tierra, toques de espada sobre cabeza y los hombros. Es "levantarse" **Erguirse hacia la "Luz". Una Transmutación interna y externa.** La espada pesa livianamente y nos impacta. Es una responsabilidad la que se ha adquirido:

¡En el nombre de Dios!   (La espada en hombro izquierdo)
¡San Miguel!   (La espada toca suavemente sobre la cabeza)
¡Y San Jorge!   (Ahora la espada sobre el hombro derecho)
Te nombro caballero.
Desde ahora podrás impartir justicia y llevar armas.
¡Levántate¡   (Decía con fuerza el maestro).

* **Grupos Filosóficos.** Al comienzo de la Iniciación, esperas en una cámara aparte. Pasaras después al templo, donde guiado por un oficial, se recorren los puntos cardinales. Los oficiales que allí esperan transmiten claves, conceptos y palabras ritualísticas, con el fin de **lograr el ansiado "Despertar Interior"**.

5.3/. La Peregrinación / Certidumbres.

Hay tiempo para sentirte, el cielo y sus nubes, el campo, los bosques y el sendero te acompañan. **Llegan "Certidumbres internas" e intuiciones.** Es la vertebración de un espíritu que esté a la altura de cualquier situación.

«Al regresar durante varios meses estás muy Creativo. Se convierten en los más plenos del año»

El Camino de Santiago gratificante a nivel individual y excelente en pareja. Mayo es buena fecha, su clima. Hacer una semana al año, tiene la ventaja: de que estarás más tiempo en el Camino. **La preparación es ilusionante.**

Las peregrinaciones en todos los lugares del Mundo, producen **mecanismos de estabilización interior** y maravillas a experimentar, según cuentan todos los que las han realizado.

«Atesorarlo en: "Imágenes de Referencia"»

Revivir el momento de máxima "Plenitud" asociándolo con un símbolo que las evoque. Realizándose en todas las culturas, recomiendan efectuarlo al menos una vez en la vida.

Aclarar que este texto hace una "Descripción Cultural", sin dar opinión alguna sobre las religiones. No es ese su interés, ni tampoco ese es su objeto de estudio.

<u>Peregrinaciones en todas las Culturas:</u>

Los Egipcios peregrinaban al menos una vez en su vida hacia **Abidós**; allí está el Osirión, templo especialmente misterioso. La piedra del pórtico excede a la técnica de la época. Lugar único en Egipto que conserva aún la policromía en los relieves del templo.

En India Desde la antigüedad a **Benarés** hay multitudinarias peregrinaciones. Llevando muchos de ellos tocados en la cabeza y pintado el cuerpo. Recitando cantos de alabanza y Mantras.

Los Tibetanos por los montes de la cordillera del **Himalaya**, realizan su peregrinación, tan grande es el recorrido como las "Cuentas internas" que saldar, hasta recobrar la purificación.

En Japón realizan la ruta de **Kumano Kodo** (hermanada con Santiago), desde los emperadores a los agricultores.

El Islam También desde hace siglos se realiza a **la Meca**. Es una multitud, la que al menos una vez en su vida parte hacia allí.

Los Mayas peregrinaban a **Chichén Itzá**. Llegaban desde todas las partes del imperio, para rendir pleitesía a Kukulkan (la serpiente), Pepelsik (cóndor), Balam (jaguar) implacables dioses. Y a los que ellos, de rodillas, ofrecían su maíz como ofrenda.

«La verdadera Peregrinación es "la Evolución"
Ese es el sentido de la vida»

Vivir en la Peregrinación continua de la búsqueda del Conocimiento. Ahora, esta Peregrinación es sobre la base de haber encontrado, de tener ya en la mochila, tesoros de conocimiento y experiencias, que llenan e iluminan el "Camino".

5.4/. La Globalización espiritual.

Vemos las cuatro grandes "Vías de Conocimiento" universal. Como argumentamos, están separadas por océanos de agua y de tiempo. Diferentes en sus formas, sin embargo tienen grandes coincidencias, al menos en lo profundo.

1/. Mesopotámica. Egipcia, Hebraica

Los juicios finales y paraísos. La regencia de distintos Dioses antropomórficos. La lucha interna: el bien y el mal. Su "Fe". Y una actitud que siempre quiere cosas. Polaridad Yang: masculina.

2/. Hinduista / Budista / Tibetana

Auto-control de la mente. El logro de la: Liberación e Iluminación, al cesar la dolorosa "Charla Mental" que compara, prevé y continuamente recuerda, apegada a todo y de todo . El estar en Armonía con el medio. La Experimentación personal. Aparentemente sin Dios, sin embargo venerando a miles a la vez. Polaridad más Yin: la quietud, suave y misteriosa.

3/. I Ching –Tai Chi – Tao

Original filosofía, sutil y misteriosa, nacida entre los ríos Azul y Amarillo en China. Estar en línea con los Cambios y Tendencias universales. "El no Hacer": como el no tomar una postura unilateral. El tercer punto de las anteriores, está más allá de las polaridades, sin juicios de valor sobre su supremacía.

4/. Culturas Aborígenes – África y América.

Desapego ante la Transición, su "Aceptación". El respeto ante lo natural. Una espontánea actitud, sin miedo, una vehemente actitud, serena sin embargo ante la "Transición y el más allá".

En estas cuatro grandes corrientes culturales, hay actitudes y fórmulas que pueden ayudar. En nuestro caso lo harán los ejercicios de Entonamiento y Transmutación.

Obtención de Méritos: Dimensiones Inmateriales

En todas las culturas se indican los métodos, para la generación de un bien acumulable. Algunos textos antiguos hablan de un **"Sumun Bonun", donde nuestros actos positivos se acumularán,** como si de dinero contante y sonante hablásemos:

En el Budismo mediante la realización de actos "Bondadosos". El Taoísmo acumulando mucha virtud. Hinduismo tenemos las Sanga a modo de vida generosa, la caridad. La mayoría de las filosofías, Mesopotámica, Egipcia, Hebraica: por el seguimiento de sus preceptos. Estos méritos aumentaran nuestras posibilidades en otras Dimensiones.

Estados Alterados de Conciencia.

Actitud de Contemplación que incluso comprende la personal experimentación o visión de lo Supremo, nuestra integración real en la energía y las Dimensiones Extra. **Contemplación establecida como "Abrirse a la Experimentación de la Belleza". Se manifiesta esa "Admiración" como un "Estado Alterado de Conciencia".** Siendo posible continuar, seguir con una vida "normal", consciente ahora de más, de mucho más, al conocer lo real.

Ejercicios de Aquietamiento Interior.

Después de su estancia con los anacoretas del Ganges, que eran hinduistas, Buda estableció su forma de meditación.

"El Ejercicio de Transmutación" que ahora proponemos recoge la esencia y las claves de los ejercicios de la antigüedad, actualizados con nuevas aportaciones y visualizaciones. Propiciando la "Regeneración" tanto interna como externa.

Con el Ejercicio Transmutación "vas más allá de nuestra mente". Así es, al tener conciencia de todo, en paz y silencio, la no acción te hace poderoso. Los avances se producen inmediatamente. Primero señalar que **se realizará el ejercicio durante unos 10 minutos.** Dedicando el tiempo que hayamos establecido, para "Experimentar la totalidad".

La Conexión con el "Principio Superior".

Nos lleva a un estado, que te sitúa en un plano donde se puede disfrutar de lo: Interno y lo Externo. Sin apartarte esa "Conexión Interior" del mundo. Amparado por esa conexión, no hay lugar ni resquicio para la mente desatada, que con su hiriente Charla Mental, nos quiera saque a pasear por lo que ocurrió en el pasado, o por lo que podría pasar.

Estado de Entonamiento máximo, con lo más evolucionado que hayamos sentido, sin caer en

Antropomorfismos nuevos o antiguos al asociar una figura concreta como imagen de lo superior.

Estableciéndose patrones de conducta, de pensamiento y absorción de lo más evolucionado que se pueda concebir. La verdadera toma de conciencia de nuestra naturaleza inmortal. La consciencia de las "Dimensiones Extra" y e nuestra "Presencia en ellas".

Yoga o Tantra.

¿Cuál ctitud tomar, cual elegir?. La Ilusión y las grandes expectativas de Tantra, que me inquieta y cautiva desde hace muchos años. Y la Actitud de Yoga me ha guiado certeramente, me agobia un poco su continua renunciación.

Yoga es un método arduo, genera un camino claro y evidente, sus escasos márgenes dan menos emoción al proceso. Las escuelas occidentales de pensamiento y filosofía siguen esta línea.

Tantra postula la experimentación personal y de libre elección; es un camino que ilusiona en el logro de la evolución. Acomodar los sentimientos de alegría y libertad. La euforia producida genera reacciones fuertes, espontaneidad que hay que ponderar.

Como pasar de un camino al otro con solvencia utilizando lo mejor de ambos. La frescura, la libertad del Tantra. Por otro lado la solvencia de Yoga para conseguir logros efectivos.

La clave es realizar Consulta Interna, que nos guíe sobre cual camino y las decisiones a tomar. El sentido de todo es "Evolucionar". Hacer un breve ejercicio de Entonamiento que nos ayudará a Visualizar claramente la respuesta.

6/. La Transición / Navegar con solvencia.

El término Transición atenúa la carga emocional y es más acertado que el de "muerte". Ahora con más calma y menos incertidumbres, reconocemos que **sobreviviremos en una Dimensión distinta. Permanecemos, el "Camino continúa".**

Concepto más depurado y liviano, muestra un proceso natural. Igual que la maravillosa vida, la Transición forma parte de la de evolución, al estar incluida en ella. Al experimentar ese momento absoluto y crucial. **«Lo mejor será Abrirse internamente».**

«La Transición: encararla controladamente, saber qué hacer. Nuestra parte inmaterial sigue hasta el infinito»

Habitamos simultáneamente en otras dimensiones. Las vivenciamos durante el sueño en los ejercicios de: Entonamiento y Transmutación. **Buda también indicaba que no puedes morir: "La no Mente".**

«El mejor Antídoto contra el miedo es la Preparación»

En las escuelas Tibetanas aprender a morir es uno de sus mayores logros. Manifiestan que es entrar en la "Dimensión de la Luz y el Color", un estado purificado. Visualizan diariamente sus Imágenes de Referencia, que son de belleza natural, recuerdos y maestros, para evitar los apegos y les den serenidad. Tener claros métodos e Imágenes de Referencia será lo más adecuado.

6.1/. El Más Allá / Esquema

Llegaremos a la comprensión de que la vida como ser individual no finaliza con la Transición. Experimentar nuestra "Presencia Interior", es la parte inmaterial capaz de mantener nuestra conciencia. Lo importante. **«Confía, la Luz Aparecerá»**.

Claves que lo justifican:

Distintos niveles de vibración, resuenan a través del Cosmos, en contacto con todas las épocas y mundos. Generados en las Dimensiones.

Cuánticos espacios multidimensionales. Están de nosotros a millonésimas de micra. Justifican la existencia de las Dimensiones Inmateriales y son el abrigo, la fundamentación de todo lo percibido.

Los Pensamientos son Energía, tanto en el cielo como en la tierra. La naturaleza interna de todo lo manifestado es la Vibración.

Sobrevivimos. Permanecerás vivo en tu Presencia Interna, con tu conciencia intacta en un cuerpo de energía. Es un fenómeno natural y hasta Físico.

Permanecerá en esa conciencia la esencia de nuestra personalidad. Los patrones de la Presencia Interna, los sentimientos primordiales, lo más íntimo pervive.

La persona puede elegir Hasta el último momento, el nivel o plano de manifestación posterior a la Transición. Así lo indican escuelas tradicionales como las Tibetanas (lo respeto como hipótesis, evidentemente no lo he podido comprobar aún).

Actitud profesional. "Firme y con calma". Controlar el proceso con herramientas bien aprendidas y practicadas como las que aquí veremos, de cuya eficiencia estemos convencidos, para evitar caer en un tipo de "sueño o descontrol".

Dirigirse hacia la luz. Que no haya duda alguna. Esa es la salida natural de ese primer estado intermedio. **A la primera oportunidad ir hacia ella ¡entra en ella radicalmente! Dirígete sin demora hacia esa luminiscencia.**

Todo tiene un sentido. Basado en "Principios universales y en la Evolución". Lo experimentarás personalmente, comprenderás el "Cómo y el Por qué".

Entonarse con el Principio Superior según sea nuestra personal y sentida "Visión de lo supremo", ya sea en forma de nivel o Imagen de Referencia. Ayudados por las herramientas y los datos aquí conocidos.

<u>Momentos después de la "Transición física".</u>

1/. Un tiempo en la Pasarela. Será posible entonces ver y comunicarte en ambas dimensiones: Zona de Encarnados (la actual) y Zona de Consciencia sin cuerpo material. Es un "Lugar Dimensional" intermediario entre esos dos estados.

Un "Plano de Manifestación" denominado como "Bardo". Nos han dado pruebas de su existencia, he disfrutado con los datos observables y comprobables en este lado.

« ¡DIRÍGETE HACIA LA LUZ !!!! »

2/. Cuando entran en la luz. Cuando ya han pasado a esa luz, al intentar percibirlos haciendo pocos días que entraron, aparecen a veces solo como imágenes, fotos fijas de la persona. Aunque ya he **conseguido alguna comunicación fructífera posterior,** incluso pasados algunos años de que la persona Transitara a ese otro nivel, (tema este, aún en fase de estudio).

Actualmente no me es posible decir lo que pasa dentro de esa "Luz", prácticamente no lo he intentado. Una mezcla de respeto y timidez aquietan el impulso de la comprobación, me siento como "un huésped en esa Dimensión".

Métodos de Actuación:

Preparación en vida

1/ Aceptarlo realmente. Al asumir que sobrevivimos, disfrutas más la vida, al tener esa bonita certidumbre. Curiosidad por experimentar como continúa la evolución.

2/ Desmitificar el proceso. La Transición como parte normal de nuestro desarrollo y vida. La actitud del avestruz, al no aceptar la Transición, nos será totalmente inútil.

3/ Reconociendo el proceso. Clarificando lo que conocemos. Con solvencia, sin Agobiarse. Preparando y disfrutando las Visualizaciones de las Imágenes de Referencia.

4/ Tecnología muy aprendida. Estar incluso preparado para realizarlo en situaciones adversas. Realizarlo casi mecánicamente:

A/. Ejercicio de Transmutación y de Entonamiento.

B/. Visualizar usando las Diez Imágenes de Referencia.

c/. Invocaciones y Mantras. Claras y concretos.

<u>En la Desencarnación:</u>

1/. Orientarnos y recordar. Actuar firmemente. Dirige el proceso: calmado, resueltamente y con decisión.

A/. Bajar intensidad emocional. Calma sabemos qué hacer.

B/. Utilizar la "Imágenes de Referencia" creadas: Visualizaciones de Lugares, de Evolución o Maestros.

c/. Permanecemos: En nuestro cuerpo de energía: La Presencia Interna, es la consciencia sobre un soporte inmaterial.

2/. ¡Dirígete hacia la Luz! Clave principal de la Transición.

A/. Luz que nos llama. A la primera oportunidad dirigirse y entrar resueltamente en esa zona luminiscente.

B/. Oferta generosa. Fluir allí sin tardanza. Visión manifestada frente a la persona desencarnada. Dirígete a la Luz. Suelta la presa: "El Cuerpo físico" y sus apegos.

c/. Dejarnos absorber. Por esa luminosidad fuertemente atrayente. Incluirnos en ella, cuanto antes mejor.

d/. Desapegarnos. "Soltar ya" las vivencias y sensaciones, las presencias de este plano, de aquí. Fluir hacia nuestra visión del máximo nivel, que algunos interpretan como Ser Supremo.

6.2/. Método para un Hecho.

El hombre, en su actual estado de evolución es un «Fenómeno de Conciencia». Y la conciencia continúa su **"Camino Evolutivo Infinito"**, ya que a la conciencia no le es posible morir al ser inmaterial.

Nuestra sociedad occidental, habla poco de la "Transición". Sin ser un fin en sí mismo, la actitud correcta la veo en algunos pueblos indígenas y en los animales. **Con gran sencillez y aceptación cierran sus ojos con serenidad, y se ofrecen al Cosmos, al universo.**

Para los que creen en Dios.

Si él puso la vida que es maravillosa y tiene un sentido: Su disfrute y la evolución. Cuando ha dispuesto el final del cuerpo físico, su sentido tendrá, malo no debe de ser, si entidad de tamaño nivel lo dispuso.

Para los que creen menos.

Si han vivido satisfactoriamente y gozado de corazón, estarán cansados de tanta fiesta, en un cuerpo que no funciona. Si encuentran que existe una Dimensión Inmaterial, y que de entrada se sobrevive al cuerpo físico, que después hay un camino del cual hay mucho por conocer, aún mucho por descubrir, el proceso se pone interesante, tenemos aún un camino de actuación, quizás de evolución y mejora. Sorpresa grata ha de ser. "Será".

Actualicemos criterios.

Eliminemos Mitos y Misticismos, son maneras de ver lo inmaterial, ancladas en la forma, más que en lo profundo: lo real y lo útil. Para conocer cuál es nuestra verdadera naturaleza, somos más de un cuerpo físico y la parte secuencial de la mente.

Abrirnos y experimentar el "Gozo de la Evolución y las Dimensiones Extra" entonarnos con los niveles de vibración y conciencia, más altos.

Como imagen: Formamos parte de una "Campana Tibetana" de dimensión universal. Si suena por un lado, la vibración se expande, mana de toda ella produciendo el celeste **"Sonido de las Esferas".**

6.2.1/. Ayuda a la Transición.

Hay que tener la suficiente entereza y ánimo. De manera serena y correcta, evitar cargas emocionales o de tristeza.

La comunicación entre ambas orillas (encarnados y desencarnados) sí que existe. Ya no me acordaba de la fecha en que murió mi joven amigo Luis Javier. Una mañana me desperté acordándome de él, y precisamente ese era el día, de la fecha de su fallecimiento que había ocurrido hacía ya 45 años.

¿Quién o qué me despertó su recuerdo? Justo en la fecha en que Transitó, y que ya la tenía sepultada por la distancia en el tiempo y las emociones. Excelente joven lleno de generosidad y entrega a los débiles y pobres. Algo después de tantos años me avisó. Quizás para animarme y entonar mi tarea. Así lo deseo.

<u>Método de apoyo: Persona en estado terminal.</u>

Así le escribí a un amigo afectado por el proceso de su hermano, en la zona de cuidados paliativos. Éstas son las indicaciones que aporté para que le orientara. Fue gratificante conocer que también fue positivo para el resto de su familia. En la semana que duró el desenlace, consiguieron paz, fue un proceso armonioso para todos ellos.

En el tanatorio me manifestaron su alegría por haber podido ayudar al que partió, lo hizo con gran calma, al haber estado sereno. Ellos también, satisfechos de haberle podido ayudar en tal situación.

Este fue el "texto exacto" que le remití, con indicaciones sencillas y breves que ellos siguieron con buen resultado:

Cómo poder echarle un cable en el proceso de la Transición, partiendo de lo que tenemos seguro. Tú tienes recursos, sabemos cosas que incluso hemos tenido la suerte de comprobar.

«Primero la actitud personal: Central. Firme. Correcto »

Actuar viendo todo el proceso, como un terapeuta, como Observador. Para al estar menos emocional, así poder ayudar.

¡Veamos!

Solo unos pocos conceptos. Claros conceptos para transmitirle:

1/. Nuestra Mente Sobrevive.

La consciencia personal, sigue viva.

Darle el dato: "todas las religiones y culturas lo dicen".

(En medio de lo que se habla. Como despistado. Dárselo como bromeando. Cuando está semidormido).

2/. Desapegarse de aquí.

Evitar emotividades excesivas. El cariño y seguridad de coger una mano y una amplia sonrisa.

Darle otros datos: Bueno, es salir de viaje. Otro sitio. Otro lugar. Todos dicen que amplios y bellos paisajes.

(En medio de lo que se habla. Como despistado. Dárselo como bromeando. Cuando está semidormido).

3/. Dirigirse hacia la Luz.

Se ve una zona con más luminosidad, con más luz. Dirigirse resueltamente hacia allí. Y penetrar en esa zona más brillante.

Darle el dato: Como el sol cuya luz nos rodea, tenemos que dejarnos absorber por esa área de grata luz.

(En medio de lo que se habla. Como despistado. Dárselo como bromeando. Cuando está semidormido).

¡Y ya está!

Me haría un esquema mental de repetirle estos tres pasos o puntos las veces que puedas. Y lo que humanamente te sea confortable.

Sin esfuerzos excesivos, y tranquilo, para tener controlado tu centro y tú calma. "Eso si es primordial".

¡Bueno!

Me tienes a disposición para lo que precises.

La Actitud es mantenerse con Fuerza. Emocionalmente lo más neutral posible. Perseverando en el control, calma y conciencia.

Después

Fui preguntado sobre el destino de la persona que había ayudado en la Transición. Nunca había tenido una petición así, tampoco lo había intentado.

Realicé el ejercicio de Transmutación, solicitando ese dato. Tuve la impresión de que él entraba en una zona luminiscente, que lo acogía. Y accedía a un área positiva, donde se percibía esa sensación.

Ejercicios de Transmutación y Entonamiento realizados asiduamente, darán la solvencia para estar en estos espacios, psíquico-dimensionales por los que ya habitas en una proyección paralela y parcialmente manifestada, accesible ahora a la luz de más conocimiento. **Al realizar estos ejercicios, nos damos cuenta de que también habitamos en esas dimensiones que son similares, las mismas que conscientemente veremos durante el proceso de la Transición.**

6.3/. Inenarrable admitir y comprender.

Los primeros que realizan una descripción de la vida de ultratumba, son los denominados "Textos de las Pirámides". Bajorrelieves en piedra de hace más de 5000 años. El cielo en esa época era solo para el faraón, después se democratizó paulatinamente más y más.

Antes, en el Paleolítico, hace más de 20.000 años. Los primeros artistas y chamanes de la historia, lograron una imagen casi 3D, combinando pintura y volúmenes en la roca en Altamira. Fueron los mediadores con los espíritus y las fuerzas de la naturaleza.

Era 1879 el propietario de las tierras Marcelino Sanz de Santuola y su hija de 8 años María, entraron en la cueva de Altamira, mientras el padre exploraba en el suelo de la cueva, la niña que sostenía la lámpara se fijó en el techo y exclamo:

¡Papa, mira!

Allí, en el techo estaban las pinturas. **Esa deberá ser nuestra actitud: con prístina inocencia y amplitud de mente.** Solo tenemos que levantar nuestra mirada de lo material y entonarnos con una realidad superior, que es natural y a todos pertenece.

«Levantar nuestra mirada, a una realidad de mayor nivel»

Los Lamas expertos en la Transición, se preparan de la mañana a la noche, todos los días del año para llegar lucidos a ese trance y poder mejorar su nivel al renacer, manteniendo una imagen de dignidad y control ante sus discípulos que observaran el proceso.

También indican esos monjes que depende de "como tengas el día": hay que tener un **"poco de suerte"** y que salga según lo preparado. Ese espontáneo "espíritu tan deportivo", será también lo más sensato para nosotros, aliviando así las cargas emocionales y tensiones excesivas.

Las vibraciones de la Evolución resuenan a través del Cosmos, contactando épocas y universos: Ésta es mi hipótesis de trabajo.

**¡Desconocía lo vacío de mi espíritu,
hasta ahora que lo he llenado!**

Realizar la Transmutación para que nos guíe con maestría en la Transición. La muerte en el plano físico será el nacimiento a un estado superior de conciencia en dimensiones distintas a ésta.

Textos especializados en el "Más Allá":

Libro de la salida hacia la luz.

Describe el viaje a los "Campos de Osiris". El faraón como deidad se aleja de la tierra. El libro muestra las pruebas y los peligros a superar en su viaje al Más Allá. Fórmulas mágicas e invocaciones para pasar las pruebas en los portales donde los "Guardianes" que flanquean el camino, esperan.

«Las Palabras de Fuerza e Invocaciones. En ellas está el Poder Creador». Concentrar en ellas nuestro pensamiento. **Las repetiremos para darles profundidad. Absorberlas, y casi masticarlas, que sean casi como un alimento.**

La denominada Psicostasia o "Pesaje de las Almas" ante Osiris. Este "Juicio de las almas" se repite en el mediterráneo, los griegos en la Ilíada y también en las culturas asociadas al Pentateuco. En el frontis de la puerta principal denominada del Juicio Final de Notre Dame en París, se muestra.

Libro Tibetano de los muertos (El Bardo Thodol)

Nos ofrece el acceso a "La clara luz primordial". Lo más importante es **"Dirigirse hacia la Luz". Su visión será más larga y asequible en función de nuestro grado de evolución.** Podemos elegir hasta el final, el nivel manifestación al renacer.

I Ching Libro de las Mutaciones. Ciclos y Cambios.

Habla de los Manes de los muertos y espíritus de los familiares. Tao su proyección habla de un Ser inexpresable para nosotros. Inmutable, vacío, libre y solitario. Es su visión del "Principio Superior".

Solo el Tao y las concepciones primigenias, tienen un sentido de la realización en su Camino Cósmico o ascenso hacia las más elevadas esferas de conciencia: **«Solo el Tao sigue su propia ley» (verso xxv). Guiando: el cielo, la tierra y el hombre.**

<u>**Comprender Como y Por qué.**</u>

El Objetivo Final será estar Entonado o al menos en armonía con el máximo nivel, sea cual sea nuestra "visión de un Ser Supremo". La parte menos adquirida, los patrones de sentimientos y los conductuales íntimos, componen nuestra esencia primordial.

"Permanece la Presencia Interna" nuestra personalidad primordial, la parte más Auténtica de nuestro Ser.

Los distintos niveles de vibración, manifiestan el funcionamiento dimensional en nuestro universo. Son como las ondas de los teléfonos móviles que nos rodean, solo hay que tener el receptor adecuado y sintonizarlo correctamente: **Y se conseguirá con el nivel de "Entonamiento" adecuado.**

6.4/. Contactos espontáneos.

Nunca fueron buscados, su visualización y sentimiento fueron impactantes. Entidades maravilladas, de haber podido sobrevivir, que me dieron las claves para poder comprobar se existencia real.

**La Personalidad permanece en ese estado inicial
o "Bardo", recién desencarnados.**

Es como si al lado de lo que percibes, se abriese otra zona que va cubriendo una parte del espacio normal de percepción. Primero sentí sorpresa al verlo, la oportunidad era única. El que allí está, si es conocido o amigo, te recibe normalmente con vehemencia, contento de que le veas. **"Su personalidad y es la misma que antes de la Transición"**.

Casos relevantes:

Eugenia.

La abuelita se apareció tal cual era y cómo iba vestida, con su pelo blanco y sus gafas. Se mostró con un tamaño casi real y se movió describiendo una trayectoria en diagonal. Había desplazamiento, sin embargo no recuerdo pasos, sencillamente avanzaba, con la mirada concentrada al frente.

Era en la década de los setenta, al bajar al andén de la estación de metro de Estrecho en Madrid, aparece de un punto cercano a la pared del andén. Pasó a mí lado, sin mirarme, como si no me viese. Su recorrido me permite verla primero de frente, luego de lado y después verla de espaldas mientras que se alejaba, fue algo breve, casi fugaz.

Estaba de camino hacia mi trabajo en I + D, que era con ordenadores dedicados a la comunicación telefónica. Eran las 7,00 h de la mañana. Ella se mostró brevemente y resuelta. **"Dirigida a la Luz", firme en la evolución.**

Remigio.

Es un caso relevante por su gran valor y maestría. Fue indispensable en el movimiento que se gestaba en el Madrid de la búsqueda y evolución en la década de los setenta. La interacción con él, después de su transición fue en mi casa, algo breve y conciso. Cargado de gran fuerza y emotividad.

Fue de uno de mis primeros "Encuentros y no me plantee realizarle pregunta alguna, para su posterior comprobación", ni tampoco tuve tiempo para realizar ninguna interacción. El contacto fue muy corto y fugaz. Estaba totalmente absorbido por el fenómeno, por su intensidad, interés y emoción. De grandísima trascendencia en todos los planos, su importancia fue inmensa y de gran significado interior para mí.

Su figura de cuerpo entero, estaba en un plano alejado a diez o quince metros y un poco elevado, como a un metro sobre el suelo. Su imagen estaba poco definida, quizás por la presencia detrás suya de una luminosidad que él mismo tapaba. **Era como si alguien te hablase teniendo detrás el sol al cual tapaba.**

Inconfundible su esencia, sin embargo su actitud normalmente calmada, muy centrada y fuerte, en esta circunstancia estaba alterada. Como el que **tiene prisa en transmitirte algo importante, con la urgencia del que parte. Y así fue.**

Estas comunicaciones son claras y comprensibles. Se manifiestan con una voz interior. El caso es que algo excitado, Remigio me indicaba:

¡Mira estoy aquí!

¡He sobrevivido!

¡Lo que pensábamos, así era!

¡Estoy aquí, sobrevivimos!

Después, sencillamente desapareció. Para describir el fenómeno de su partida, es **como si el resplandor detrás suyo se hiciese más grande y en ese brillo su figura se difuminara. Él como siempre, guiándome y alentándome en proseguir mi estudio e investigación por un camino certero. ¡Gracias!**

«Nuestro carácter permanece al menos en ese "Tiempo de Pasarela o Bardo". Antes de la "Absorción en la Luz"»

Julián.

Era un amigo de mayor edad, también profesor, excelente persona. Privilegiada mente, científico. El caso es que Transitó. Me llamaron para decirme a dónde le habían llevado.

Estaba yo en mis cosas, cuando de pronto percibo a Julián y además "enfadado", ese era su estado. Se mostró cruzándose como de frente, en este caso dirigido hacia mí, en una trayectoria también diagonal, en la que al final se perdería desapareciendo.

Su cara mostraba un semblante airado y su comunicación también lo era. Le veo, solo segundos, le solicito que me dé una clave, un dato que yo después pueda comprobar. Sin embargo esta vez, "No fue así, me dijo que no". Explícitamente que:

¡Como yo siendo su amigo, y conociendo que esto era así, (donde él estaba, el Bardo) y no le había avisado!

¡Como yo, no se lo había dicho! (Él esperaba su paraíso).

Yo, su amigo. Si lo sabía, tenía que haberle avisado.

De colaborar ¡Nada! Tenía prisa. ¡Adiós!

El caso es que desapareció un poco airado. Quedé abrumado y perplejo por la experiencia. Ordené mi mente: poco más habría podido hacer antes por él. Nunca vi resquicio alguno, para platearle algo distinto, a su forma de pensar sobre la Transición.

Estos seres desencarnados, mantienen un carácter muy cercano al de su vida. También percibí que se alejaba en dirección de algo tenuemente luminoso, y en un punto se absorbió instantáneamente.

<u>Dante.</u>

Ya experimentado en estos fenómenos, me surgió lo de Dante. Excelente y querido amigo, partió repentinamente. En el momento de su Transición no hubo ningún contacto, después pasado un año, surgió.

El grupo de amigos fuimos a la Pedriza, donde dejamos sus cenizas junto a un árbol que habíamos plantado. Después comeríamos juntos, justificando así un día de hermandad y el recuerdo de un amigo.

Estando en el lugar del árbol y las cenizas, al principio nada pasó. Después y poco a poco, comencé a sentir que había algo especial: los rayos del sol entre las ramas activaban mi subconsciente. Estuve entre afectado y sorprendido con lo que pasaba, lo que veía y experimentaba.

Me pareció percibir algo, percibirle. No quería sugestionarme, prefería no tener ningún contacto, no estaba previsto, ni lo deseaba, había ido con amigos a disfrutar de un buen recuerdo. Sin embargo esa luminosidad se hizo cada vez más insistente.

Todos se fueron marchando hacia los coches, a diez minutos de allí. Nos fuimos quedando tres, luego dos. Finalmente me quede solo, en la soledad del sitio, el árbol, Dante y yo, la situación pareció disolverse por fuera, y activarse por dentro.

Él había transitado hacia un año, **sentí algo suavemente indefinible, como una presencia. Tuve frío, de pronto hacía mucho frío.** Y entonces asocié ese algo identificable con Dante, una imagen grande, como una foto fija de sus hombros y cabeza, muy sonriente, se presentaba ante mí.

6.5/. Solicitar un Contacto.

Me piden realizar una comunicación concreta, lograr conocer la situación de una persona que Transitó hacía años, cosa que nunca había hecho. Solicitud de un amigo que necesitaba dejar completada una relación de familia y eso me hizo intentarlo.

Intento evitar que se produzcan contactos. Es como estar velado a otras vibraciones. Tranquilo, sin embargo apartado de desencarnados. Todos quieren algo, demasiado para mí.

Me preguntan si ese universo que percibo, ¿Es desagradable? ya que tengo reticencias a provocar contactos y así lo manifiesto: **Estas vivencias sin ser desagradables, ni las provoco, ni las busco.** Cuando se dan, las siento como algo valioso, sin embargo "No las Busco".

> **«Una vida demasiado centrada en la**
> **Transición ¡No es una vida!»**

Coincido con un dotado que tenía la capacidad de lograr contactos, tan solo con tocar a una persona. Indicaba que **una vida demasiado centrada en la Transición ¡No es una vida! Y así me siento. No es mi deseo establecer contactos continuados, no es ese mi objetivo.**

Primer intento de Conexión iniciado desde este lado.

Un amigo me solicitó la necesidad de una comunicación ya que el proceso de la Transición de su pareja fue súbito, en pocos minutos pasó de tenerla a perderla. Sentía la necesidad de una última comunicación, al menos de conocer si estaba bien.

Le manifesté que nunca, ni con nadie había intentado nada similar. Realmente desconocía si lo podría hacer.

Tal como un jueves me lo solicitó, quedé en que transmitiría los mensajes que me pedía dar, vería si me era posible conocer cómo estaba. Indiqué: **que si veía algo raro o no armónico, nada le diría. También, si en el trascurso de un año no se producía la comunicación, dejaría el tema. Solo hablaríamos de este asunto si yo tenía algo positivo que comentar.**

Hay que establecer límites, después de un contacto acabo cansado, emocional y psíquicamente, mis facultades son afectadas, es para mí un fuerte desgaste. Sin dejarme mediatizar por conceptos preconcebidos, quise dar una aportación correcta y realicé un ejercicio de Transmutación en la tarde de ese mismo jueves.

El fin de semana, en la casa de campo de la familia, notaba que me sentía afectado por algo, que de pronto se manifestó. Llegué el viernes, al día siguiente de la solicitud y de comenzar a realizar ejercicios para la experiencia de contacto. **Estaba cansado, tenía frio, mucho frio, demasiado frío.** Ni la manta y la colcha, ni dobles calcetines eran capaces de quitarme el frío. Raro en esas fechas (mayo) en mí, querer dormir una siesta. Me desperté muy tarde casi había anochecido. Me levanté, realicé mi ejercicio de Transmutación a la atardecida, incluyendo el de contacto, y por la noche dormí nuevamente bien.

El sábado estuve haciendo cosas en el jardín. Aparentemente había desconectado del tema, **mi capacidad de relajación después de decenios de meditación es amplia.** Sin embargo después de comer, extrañamente, tuve la necesidad de dormir. Y nuevamente el frío, mucho frío; desperté casi de noche sobre las 20 horas, eso nunca me había pasado. Fue en los días de la boda real de Andrés y Meghan.

El domingo desperté temprano, y con una imagen de mujer en mi cabeza, que comenzó a darme la información que me solicitaban. Durante ese duerme vela, al despertar. Era temprano: las siete de la mañana, lo mejor era dejarle descansar a mi amigo, antes de informarle del positivo contacto. Había logrado la comunicación más rápidamente de lo esperado Y sí que me era posible comunicar con esa dimensión.

La vi claramente a ella, de espaldas, primero el pelo y los hombros. Indico exactamente el orden de lo que fui viendo. Estaba como mirando algo frente a ella, que yo no pude ver. Sentía y aún siento que allí había mucho más, era como si estuviésemos en un estadio lleno de gente y hubiese una niebla, que a mí me impedía ver más. **Ella delante de mí, giró la cabeza, y de pronto apareció de frente ¡Dio la vuelta a su cabeza y cuerpo sin girarse!** Entonces vi los ojos, la cara y los hombros. Tuve la visión de una imagen cercana y definida, sin embargo sentía que había distancia, más de la que se notaba.

«Sobrevivimos y allí ocurren cosas. Desde su perspectiva, saben lo que ocurre aquí »

Por sus rasgos era ella, no había duda. **Me indica con rotundidad, que conocía muy bien, todo lo que él deseaba transmitirle. Y que estaba bien.** Parecía estar ocupada en algo, viendo algo que en la niebla, que yo no vi, tampoco lo intenté mucho. Sentí que esta comunicación le apartaba de esa ocupación y debía de regresar a ella.

Ella estaba cargada de gran presencia y firmeza. "**La fuerza de ese otro lado**", al menos de los que están allí. Le indique a mi amigo que podía estar tranquilo "Ella está en buen sitio y se encuentra bien. Está desapegada de aquí". Esto último era muy importante, quizás lo más importante.

¡Se acrecientan las certezas! Sobrevivimos, y hay una interacción entre ambas dimensiones. **Ellos conocen más de lo que se podía imaginar, de lo que ocurre aquí, al menos de lo que les interesa.**

Testimonio sustentado en lo que personalmente percibí e incluso en cómo me afectó físicamente, cosa que nunca me había ocurrido. Otro apunte esperanzador es que cuando han pasado a esa luz: **permanecen y mantienen su identidad.**

Este texto aporta una visión desde la experimentación y la comprobación. Se muestra y comparte lo encontrado. **Son temas excitantes que dan sentido y aclaran muchas cosas. Sin pretender ortodoxias ni ser la definitiva o última visión sobre estos temas.**

Casa habitada en dos Dimensiones.

Hacía unas semanas que me lo habían dicho, compraron un chalet antiguo. El caso es hacia un tiempo que me comentaron que percibían una presencia en la casa. Una mañana al entrar en la terraza de la piscina, estaba ella con la cara un poco preocupada, él decidido y respetuoso, solicitaron mi ayuda.

Había algo en su chalet recién comprado, lo habían visto claramente, hasta su hijo de siete años vio a un hombre y una luz dentro, cuando miraban desde el jardín hacia la casa. La esposa preocupada me dijo percibir una "definida presencia".

Un desencarnado es una persona normal e igual que cualquiera de nosotros, sencillamente que sin cuerpo. Confundido en muchos casos al desconocer lo que les pasa, al no haberse integrado en esa "Luz".

«Dirigirse hacia la luz. Y desapegarse de aquí»

Me fui al piso de arriba, yo solo. **Con mis invocaciones y campana Tibetana y me metí en la penumbra del cuarto donde se había percibido que estaba el desencarnado.** Realicé un ejercicio para facilitar su paso a otro plano. Después encendimos una vela y realizamos una meditación por los allí reunidos, cogidos por las manos para ayudarle en su paso a otra dimensión.

A veces me pongo en manos de algo. En frío no sé si me atrevería, se me eriza ahora el bello de los brazos al rememorarlo. El caso es que ahora mucho más tranquilos. Ella ha notado en su casa la diferencia, antes cargada por esa "Presencia" y temerosos de lo que había ahí. Después del ejercicio ya no se percibe nada.

«La mejor respuesta al miedo es la
Preparación»

La entidad podría ser de los antiguos habitantes de la casa. Pasó a esa otra Dimensión con cara de agradecimiento, eso me pareció percibir mientras desaparecía en un punto. Me alegró, **hay que tratarles con consideración, son entidades sintientes.**

Siete meses después organicé un segundo ejercicio en la misma casa en grupo, por si había alguna otra entidad. Durante el ejercicio de Transmutación, hice la Invocación que comienza: **"Por la voluntad de Dios todopoderoso, saldrás de aquí ….**

Estando en el salón de la casa, **oímos de pronto sobre nuestras cabezas un fuerte ruido, como de un ave muy grande, un fuerte chillido casi atronador,** nadie se movió, aguantamos hasta el final del ejercicio. Y cuando abrimos los ojos al terminarlo hubo un mar de comentarios y exclamaciones, alterados ante lo ocurrido.

Ha pasado casi un año de este último ejercicio que realizamos para librarles de esa presencia incómoda y manifiestan que **sienten la casa como nueva,** como si la acabasen de estrenar.

7/. La Consciencia Sobrevive.

Algo de nosotros sigue después de abandonar el cuerpo físico. Nuestra esencia primordial sobrevive, la denominaremos: "Presencia Interior". Tiene incluso la capacidad de comunicarse con nosotros, antes de incorporarse a una zona de mayor luz.

Mostraré aquí alguna comunicación, es un importante valor añadido que gira alrededor de la interacción con esas personas, ya en otra dimensión. **Se produce una comunicación verbal y sin sonido, son sentimientos y palabras, de mente a mente.**

El logro es que conseguir el "Feed-Back", la comunicación que se produce en una conexión bidireccional. **Solo, cuando ya me había pasado ese fenómeno varias veces, fui capaz de solicitarles a los no encarnados, datos de comprobación.** Para asegurar que mi propia mente, no me estaba jugando una mala pasada, por sus esquemas y deseos.

«Se produce la comunicación con personas que acaban de Transitar. Y con seres de otra dimensión»

Permanecen primero en una dimensión intermedia o Bardo, desde la cual pueden comunicarse más fácilmente. Hasta que la persona desencarnada que antes se comunicaba vehementemente, se integra en esa Luz.

Las experiencias aquí narradas no recogen los llamados: "Túneles de Luz" ya que nunca los vi, en ninguno de los fenómenos aquí mostrados, ni tampoco en el proceso de la Transición. Hace ya más de 500 años que el Bosco pintó algo de similares características, en su cuadro: La ascensión al Empíreo (el cielo).

La justificación quizás puede estar, en que las comunicaciones que aquí manifiesto son con personas que habían desencarnado, hacía horas o días, en algún caso meses. **Y quizás el "Túnel de Luz" se sienta en el mismo instante de la Transición.**

«Hay seres especiales. Fuertes personalidades»

Con los que interactué nada me indicaron de ningún túnel. Tampoco yo lo percibí, cuando estuve a punto de Transitar por una grave infección que me provocaron en un hospital después de una prueba médica.

No vi ningún túnel, cierto es que estaba en un punto anterior dentro del fenómeno de la Transición. En mi caso fue así, ya que estaba en un punto previo, eso sí muy grave y con las constantes vitales al límite. Estaría en las etapas previas que forman parte de la Transición. Sentía que partía de aquí. "Ya me dejaba ir".

«Tendremos que hacernos más conscientes de esa Inmortalidad. Aunque aún desconocemos de que tipo es»

Habremos de comprobar y trabajar más, evolucionar más, ese es el objetivo. **Nos encontramos ante todo un Universo nuevo para nosotros. Pueden haber variadas entradas y formas de habitarlo y que además sean nuestras** capacidades de asimilación, las que establezcan lo que percibimos, tanto en sus tiempos como en sus formas.

Cuando estaba en el umbral de la muerte, unas entidades ya daban por sentado que iría con ellos, haciéndome sentir que era una excelente oportunidad para mí.

Entonces pedí ser oído para indicar las responsabilidades y temas que llevo. Me miraron "sorprendidos y extrañados" así parecían estar, era como si les pareciese increíble que lo pidiera. Primero por la osadía de hablar, segundo por disentir en cuanto a mi destino.

«Una Luminiscencia suave y poderosa. Que sin notarse, estaba en todo. "Autorizó mi solicitud"»

Después he conocido alguna descripción más **de situaciones parecidas, donde las personas solicitan "Favor", para poder atender sus responsabilidades familiares o completar temas y tareas pendientes.** Para volver más adelante, ya más tranquilos a ese lugar, ahora felizmente conocido.

7.1/. Permanece viva tras la Transición.

La Presencia Interna sí que sobrevive. Tajantemente es así, lo he vivenciado y comprobado varias veces. Durante los Encuentros experimentados y vividos. Al realizar ejercicios de Entonamiento y Transmutación, también con Tai Chi de nivel contemplativo e investigar las Dimensiones Extra por más de cuarenta años, se debe de haber activado algo dentro en mí.

«Creo que solo he llegado al umbral, de todo lo que contiene esta experiencia»

Ni tengo todas las respuestas, ni aún las quiero todas. Ahora queda mucho por conocer y sobre todo, qué nos encontraremos allí, después de esa Luz. Primero aclarar que contactar con ellos fue impactante, no desagradable sino raro. La vibración que experimentaba, la sensación a flor de piel y también dentro de mí era extraña.

«Como vemos es algo natural, personas y solo personas. También se perciben extraordinarias fuerzas, personalidades de gran capacidad y energía»

En los momentos de estrés y vértigo, donde las piernas y el ánimo flaquean, **tener algo claro y seguro, a lo que agarrarse. Saber qué hacer,** al tener un grupo de herramientas que son como balsa de salvamento en medio de un embravecido mar interior, es muy alentador y gratificante.

Una vez que han partido, no me he planteado el saber con exactitud: hacia dónde van y que hacen al desaparecer. Cuando entran en esa "Luminiscencia". Aunque ya he realizado un par de ejercicios con resultado positivo. Aún es pronto, muy pronto, para poder dar una respuesta, una explicación concreta y correcta (ver capítulo 6.5).

Hay que tener en cuenta y utilizar las herramientas ahora conocidas para estas situaciones y momentos tan especiales que nos evitaran estrés. Certifico que tienen un valor especial, en esos momentos las siguientes Actitudes:

«Realizar ejercicios de Entonamiento y Transmutación

«Activar la Presencia Interna. Energía y Maestría »

«Rememorar tus Imágenes de Referencia»

Ahí es, cuando se ve quien eres, lo que conoces y quieres. Ahí solo se encuentran, tu Presencia Interna y el Principio Superior. **No hay escapatoria, ni placebos. Solo la autenticidad pervive.**

7.2/. Justificación y Evidencias.

La visión sobre ese después, está en discusión. Unos mantienen una postura cercana al Budismo, según ella como gotas de agua nos disolvemos para llegar de nuevo al mar. Por mi parte el criterio es distinto:

**«Nos Incluimos en un nivel. Formamos
parte de él "Sin Disolvernos"»**

La idea sería más el "Incluirse" en el «Principio Superior», al igual que los billones de células que nos componen a nosotros y que tienen vida propia. Son una entidad con algún tipo de consciencia que les hace mantener un comportamiento y fines definidos, hacen algo que tiene un sentido y un fin en su nivel. Formando parte de algo más grande.

Hermes Trimegistro el "tres veces grande", en uno de sus "Principios" dice: «Como es arriba, es abajo». Similares eventos se producen tanto en un nivel sencillo, como en uno de rango superior, así es lo que ocurre entre nuestro cuerpo y sus células, con un plano de mayor rango o nivel.

La diferencia de los casos que ahora mostraremos, con los del capítulo anterior, residen en que **ahora se solicita y se consigue que el desencarnado dé pruebas, evidencias visibles en este lado y que justifique así su verdad.** Esos momentos han dado sentido, recompensa y gozo a tanto trabajo, búsqueda y experimentación.

Una "Voz interior" evita el desastre

La comunicación con «Entidades de otras Dimensiones» es de gran ayuda, fueron capitales para poder conservar la vida. Aunque tan naturales como lo es nuestro plano, estas entidades son de un rango más evolucionado. Veremos estos encuentros fortuitos, no buscados y oportunos, ¡muy oportunos!

Una voz interior me indica que hacer ante un grave peligro por donde circulo. Era una vía rápida de la ciudad, donde en esos años se podía circular a una velocidad de 60 km por hora. Circulaba por Madrid en una avenida, con dos carriles en cada sentido: por la calle de Francisco Silvela, pasada la calle Diego de León, en dirección hacia la plaza de Cuatro Caminos.

Había organizado el transporte con algunos compañeros, hasta la empresa donde trabajábamos, era un departamento del centro de I+D. El logro era completo, más ecológico y cómodo, ya que conducir me gusta moderadamente. Aún jóvenes, había buen humor y ese día más aún, pues volvíamos de las vacaciones. En el camino de regreso a nuestras casas, íbamos muy contentos, riendo segundos antes del suceso, voces y bromas, la euforia del reencuentro.

Conducía yo, de pronto a unos 40 metros en el sentido contrario, en el carril de su derecha apareció otro coche, un viejo Seat 600. De repente se le levanta el capo delantero, e inexplicablemente inicia una trayectoria en diagonal hacia nosotros, primero se pone en su carril izquierdo, el que estaba pegado al nuestro. En ese momento nosotros circulábamos por nuestro carril izquierdo. **La trayectoria de ese coche sigue en diagonal, y se sitúa en frente del mío a muy poca distancia, a unos diez metros aproximadamente.**

¿Qué hacer? Tenía que decidir en un segundo. Por donde esquivarle: cambiarme a mí carril de la derecha o quedarme quieto en mi carril izquierdo, que era por el que yo circulaba con mis compañeros. Las opciones que tenía en la cabeza eran: volantazo a mi derecha para tratar de esquivarle o permanecer quieto en mí carril.

De pronto el tiempo pareció hacerse distinto: **Todo se ralentizó, dentro de mí sentí una suave voz que no se oía físicamente, y que me dijo:**

«Quédate en tú carril. Estate quieto»

No me dio tiempo de pensar. El momento era tremendo, aunque en mi interior había algo que aún permanecía sereno. Todo ocurrió décimas de segundo. Creo incluso recordar que mis ojos se tornaron un poco, hicieron el cierre reflejo ante un choque inminente.

El otro coche y su capó levantado, prosiguieron su fatal recorrido en diagonal, llegando hasta mi carril derecho, **pasando a muy pocos metros, del frontal de mi coche.**

¿Qué era eso profundo en mí, que aún permanecía sereno?

No me dio tiempo ni a frenar, fue todo tan vertiginoso que no hubo tiempo para más. No sé cómo termino el otro coche, si impactó con otro de frente o frenaron. Ni pude mirar por el espejo retrovisor, tampoco me era posible parar, al estar ese tramo debajo de una especie de puente, y había paredes a los lados, ya que era una vía rápida. Cuando pude mirar a los compañeros que iban en el coche, ya estábamos en el semáforo de la calle Velázquez. Creo que me sentí cansado, sería por la tensión del "Choque inminente" y después, por la distensión de haberlo evitado. Seguimos el camino hacia nuestra casa, ahora en silencio, más despacio, después del estrés.

¿Qué voz era esa. Quién me avisó?. ¿Cómo le hice caso?

Por qué me pareció lo correcto en décimas de segundo, confiar en esa indicación que parecía partir de una suave voz interior. "Me salvo la vida", un choque de frente a considerable velocidad y con coches tan frágiles en esos años habría sido fatal.

El fenómeno interno que me había ocurrido, no se lo conté a nadie de los que me acompañaban. **Tampoco me atreví a analizarlo enseguida, necesite abrir mi mente, y aceptar ese impactante evento. Su comprensión y asimilación fue posterior, llegó poco a poco, con tiempo.**

Esa "Voz interior" me salva nuevamente

Algo se debe activar en nuestra mente al conducir, al estar más concentrada y por otro lado más abierta y perceptiva, para subsistir a los múltiples peligros del tráfico. **Activando sus zonas más sutiles y receptivas, que ponen en marcha los mecanismos de percepción más evolucionados.**

Nuevamente circulando en coche, una voz, esta vez potente y clara que resonó dentro de mí y pareció que lo envolvía todo. Me indicó en este caso, que me cambiase de carril y disminuyese la velocidad: Así fue exactamente. Rememoremos la situación:

Era el verano de 1995 y la familia nos trasladábamos a vivir a la sierra norte, en el límite de la provincia de Madrid con Segovia. Allí pasábamos gran parte del verano, lejos del calor de la capital.

Estábamos más de dos meses, por lo que teníamos que bajar en la mañana a nuestras oficinas, regresando después a comer, para dormir agradablemente en el clima de las montañas.

Eran las fiestas patronales y solo fui yo, quien bajó a trabajar esa mañana a Madrid. Para ir más seguro decidí ir por el túnel del Guadarrama, en vez de subir por el Alto del León que se toma al lado de la localidad de San Rafael. El caso es que mi coche y yo, nos dirigimos al peaje, entramos en el túnel y lo pasamos. **De pronto algo me dijo, interiormente:**

«Disminuye la velocidad y cámbiate de carril »

Fue a los pocos instantes de abandonar el túnel por su salida antigua (antes de construirse el tercer túnel), tenía unas curvas que al ser bastante pronunciadas dificultaban ver lo que había después. **De repente esa voz, fuerte y decidida me llamó por mi nombre.**

Así, textual y directamente ¡Llamándome por mi nombre! clara y firmemente. La voz pareció llenarme con su intensidad que sin llegar a ser desagradable, se oyó en toda mi cabeza. Era de madrugada, no más de las siete de la mañana y todavía algo adormilado, me terminé de despertar de golpe. La voz era fuerte y determinante, me había dado una indicación concreta.

«La percibo como una entidad grande, quizás la asocie al tamaño de su voz»

Ni lo pensé, no me dio tiempo a ninguna reflexión. Lanzado a fuerte velocidad y por la izquierda, pues acababa de pasar las limitaciones del túnel. El caso es que reaccioné con determinación. Realicé la maniobra que me acababan de sugerir: primero me cambié de carril, al de la derecha y después baje la velocidad del coche.

A los pocos metros de haber realizado lo que me habían indicado, vi que en el carril izquierdo que había dejado unos metros atrás, había un coche girado de frente y sin luces, con dos personas dentro, a las que vi de frente.

Parecían estar aterradas, cualquier coche les podía impactar de frente a toda velocidad, y ellos parados e indefensos dentro de su coche que estaba totalmente girado, en el carril de la izquierda por el que yo había circulado antes a la alta velocidad permitida.

Ese oportuno mensaje fue capital para poder conservar la vida, ya que un choque a esa velocidad y de frente hubiera sido un impacto fatal, tremendo al ser de frente para un coche que estaba parado, devastador para ambos vehículos y sus ocupantes.

Pasados unos pocos kilómetros, cuando vi que la carretera se ponía más recta, aún alterado paré en el arcén y llamé con mi móvil a las autoridades de tráfico, indicándoles en dónde estaba el coche girado. Describí la grave situación, urgiéndoles a que fueran a su rescate, ya que en cualquier momento alguien se toparía fatalmente con ellos".

¿Qué o quién me avisó en la autopista?

Nuevamente una entidad y su aviso, me salva de un grave accidente, de un desastre. Tendríamos todos que estar más abiertos, receptivos a esas ayudas que resuenan claramente, potentes y audibles interiormente, como esta última que me salvó de un peligro inminente. **Aún ahora mismo, recuerdo esa voz impresionante. «Adiós los límites».**

Un gran suceso (T). La Comprobación.

Esta es una importante aportación, una ayuda trascendental para muchas personas. Su importancia reside en que está fundamentada, en una "Doble comprobación" y supone un gran avance para la comprensión del fenómeno de la Transición.

Fue la primera vez que tuve la intuición y la falta de miedo para pedir a un desencarnado una comprobación. Además, el fenómeno fue compartido y experimentado por otra persona, junto a mí.

Llamaremos "T" a ella, a la persona en la que se centra este extraordinario fenómeno de comunicación. Su Transición fue imprevista, tenía una la relación especialmente unida en su matrimonio, se conocían desde la juventud: 16 años y también era muy estrecha la relación con sus hijas.

La conocía desde hacía bastantes años, era una simpática y excelente persona. Su familiaridad y la cercanía en su comunicación conmigo, me debió de dar la confianza, eso propició mí solicitud de comprobación. ¡Vamos a los hechos!

Corría el año 2011, con un frío moderado a pesar de las fechas en las que estábamos, el Cambio Climático ya nos impactaba. Estábamos en casa, sobre las 18 h suena el teléfono, una voz conocida al otro lado: era una amiga de la casa de fin de semana, rara vez hablamos por teléfono y más en Madrid. ¡Algo pasaba!

Me dice que (T) ha fallecido, sollozos… Que ha sido en un viaje y estaba en el tanatorio, quedamos en que nos veíamos allí. Cuelgo el teléfono, se lo comunicó a mi esposa. Aunque afectado bastante sereno, veo el fenómeno de la Transición con calma.

El caso es que comenzamos a ponernos la ropa para ese evento (tanatorio). **Ya me sentí raro, en mi dormitorio. Me pasaba algo, de pronto estaba como con peso y en la cabeza había una zona como con una presencia, me afectaba a la visión y distorsionaba la Luz.** Se notaba algo indefinible en el espacio de la habitación. No lo analizaba, estaba un poco consternado, pues quería a (T), aún ahora le sigo teniendo afecto y un excelente recuerdo. El caso es que me vestía como ralentizado, había una tenue distorsión de la luz. Mi pareja me urgía. ¡Vamos, aligera, hay que llegar!

Fuimos al garaje, no debería haber conducido en ese estado, la inercia hizo que me pusiera al volante, ya que en los momentos complicados soy yo el que conduzco. Salimos del garaje en el coche a la calle y a poca distancia **se me presenta (T) dentro y fuera de mi cabeza al mismo tiempo. Frente a mí la imagen de su cara sonriendo,** una sonrisa de oreja a oreja, sus ojos sonrientes y risueños. Íbamos en dirección a la M-30, una vía rápida que circunvala la ciudad de Madrid. En un momento de ese recorrido ella (T), comenzó a hablarme.

Entre desinhibida y excitada, dice: lo guapos que estaban todos en el sitio al que íbamos, al tanatorio donde ella estaba. Parloteaba, contenta de que alguien la escuchase (yo).

Según me indicaba mi esposa, me estaba yendo con el coche a la derecha de esa vía rápida, circulando a bajísima velocidad, con una cara muy rara. ¿Qué si me pasaba algo? me decía. Yo sin poder ni articular palabra, intentaba conducir. Mi mente con una situación complicada: por un lado con un leve peso, y la imagen en mi cabeza de (T) levemente iluminada. Circulaba como por inercia y sin embargo seguía. El caso es que mentalmente, como telepáticamente le indique:

«Desapégate de aquí. Dirigente hacia la Luz»

Eso era lo que yo le debía de aconsejar, y además estaba conduciendo, estábamos en peligro. Ella: ¡Que de eso nada! Pensaba quedarse aquí, ver y cuidar a sus hijas. Estaría siempre cuidándolas.

Quizás al verla tan natural y espontánea como siempre, me dio la confianza para pedirle. Y le dije mentalmente: ¡Mira como no estoy seguro que esto no sea un engaño de mi mente, y para asegurar que tampoco tú me engañas! Dime algo con lo que me vaya a encontrar. ¿Algo que voy a ver cuando llegue al tanatorio?

Se ralentizo su incesante habla y hubo unos instantes de silencio. De pronto como el que habla pendiente de estar viendo algo con detalle, **me dijo: Cuando estés allí, cuando llegues, te encontrarás con una persona de mi familia, que llevará una camisa de cuadros grandes, de colores.**

**«Tuve la falta de miedo, para pedir una
comprobación. Una prueba »**

Me concentré lo que pude dentro de mi situación en la conducción y llegué como pude al Tanatorio en la zona de San Isidro en Madrid. Ya había cesado la comunicación con (T), aunque seguía percibiéndola como alejada.

Aparqué el coche en un parque cercano. Y nos encaminamos al edificio, en el trayecto coincidimos con la pareja, que nos había llamado. Nos saludamos, ella afectada, eran los amigos más íntimos de (T) y de su marido. Juntos nos encaminamos al edificio del tanatorio, allí había más luminosidad en el hall, ya que en el parque por donde habíamos logrado aparcar había poca luz.

[115]

Aún no había comentado nada a mi pareja, no me había dado tiempo, ni a reponerme, ni a organizarlo mentalmente, demasiada carga como para explicar rápidamente, algo tan especial e importante. Llegamos a la planta donde estaba el cuerpo de (T), en los pasillos había poca luz: un fallo eléctrico, solo había la luz que salía de las estancias de cada fallecido (recibidor y cámara).

De pronto, una sorpresa: me encuentro con un antiguo amigo, un alto cargo de la administración y conocedor de estos temas, aparece su esposa sentada en la penumbra del pasillo, hacía años que no nos veíamos. Gran alegría y besos, por el reencuentro.

Me dice: ¡te voy a presentar al hermano! Nos conduce a pocos metros más adelante en el pasillo, y me indica: este es el hermano de "T". **Él se gira, le da la luz y aparece una camisa de grandes cuadros blancos y azulados, una vestimenta muy chillona para el tanatorio. Justo lo que (T) me había dicho que vería al llegar allí.**

¡Atención!

El tema no queda ahí.

¡De pronto! En ese mismo instante.

"La cara del hermano se desdibuja frente a nosotros, como en una luminosidad tenue, un brillo sin luz e inexplicable", y aparece la cara de su hermana (T), en una clara "Bilocación" sobre la cara de su hermano, que se desdibujaba por detrás. Ella sonriendo ampliamente, como diciéndome con picardía": ¡Ves! Te lo dije.

Yo estaba "muy impactado": una "Bilocación" surgida de no sé cuál dimensión, en un pasillo lleno de gente. Con mi antiguo amigo, a mi lado.

Y no bastante ya con eso, miro a mi esposa que estaba a mí lado, a la cual no le había contado nada aún, y "la veo con la cara desencajada", mirando absorta a la cara del hermano de (T) con gesto de gran sorpresa. ¡Ella también estaba viendo la Bilocación! ¡La estaba viendo igual que yo! Le cojo la mano a mi esposa y le digo, al oído: estás tú viendo lo mismo que yo. Y me dice: Sí, es ella (T), se está riendo, es su cara aquí, sobre la de su hermano. Le dije al oído, tranquila, luego hablamos, ya te contaré, han habido más cosas.

Lo relevante es: que yo a mi pareja aún no le había dicho nada, y ella que es muy crítica con estos fenómenos. Espontáneamente lo estaba viendo y me confirmaba lo que yo percibía.

A pesar de todo, logré darle la mano al hermano de (T) antes de retirarnos. Era como estar simultáneamente entre dos dimensiones, e intentar hacer correctamente las cosas en ambas. Un sinfín de estímulos y emociones, solapadas y en paralelo.

Nuestro antiguo amigo y su esposa nos acompañaron un rato. Y con ellos, nos fuimos al pasillo, en la penumbra vimos dos sillas que habían quedado libres y se sentaron las señoras. Estaba aún como en una nube, abrumado y un poco exhausto. En esos momentos (T) no intento conexión, estaría viendo todo por allí. El caso es que por placer del encuentro, de hacer algo distendido al fin y por reponerme, me deje llevar por esa conversación con viejos amigos.

Pasó un rato, como diez minutos y juntos fuimos hacia la salida al jardín, en el que habíamos aparcado, nos encontramos con la otra pareja, con la que habíamos entrado y que nos avisó por teléfono. Despedidas, caras afectadas especialmente de ella, (T) era su amiga, su gran amiga del alma. Nos metimos en el coche, entonces comencé a narrar a mi esposa, todo lo que me había pasado.

Mi pareja también lo había visto todo (la Bilocación) y eso nos reconforto a ambos. Regresamos a casa comentando lo ocurrido.

Al día siguiente por la mañana percibí de nuevo a (T), aún habladora y nerviosa, como en un monólogo incesante. **Tomé la perseverante actitud de que cada vez que iniciaba su parloteo, le indicaba que debía "Desapegarse de lo de aquí, y dirigirse hacia la Luz".** Cada vez que me "entraba en la cabeza", perseverantemente le transmitía una y otra vez ese mismo mensaje.

Estaba muy agradecido por su gran aportación, sentía que debía de corresponder con lo mejor para ella, que era liberarle de su apego con lo de aquí y centrarme solo en eso, en nada más. Pasaron cuatro o cinco días, finalmente solo percibí de ella una foto fija. La que queda, cuando visualizo a alguien que partió hacia esa Luz.

Lo expresado aquí, es textual y detalladamente tal y como fue. Al ser un suceso tan impactante, se grabó indeleblemente en mi memoria ¡Cualquiera olvida algo así! A pesar de estar afectado quedó bien gravado. ¡Así fue todo! «No existen límites»

Experiencia en el "Umbral". Algo transcendental.

Me acometió un fuerte suceso. Llegué al hospital en ambulancia y con las constantes vitales "muy bajas, a punto de Transitar", según me dijeron después. **Hubo previamente en mi casa un encuentro inter dimensional, una relación con entidades, escenas que me habilitaron el conocimiento de otro universo que interacciona con el nuestro. La consecuencia es que vemos que «La Consciencia Sobrevive».**

Describo lo que sentí antes de que me llevaran al hospital. En esa luz de la atardecida, al contacto con niveles de manifestación de alto grado «Entidades que deciden». Un encuentro muy interesante. Era el mes de mayo de 2016, hacia una semana que había llegado de guiar un grupo de 22 personas por el Camino de Santiago.

Anteriormente en noviembre, quisieron hacerme unas pruebas de chequeo médico, para facturar según vi, por lo poco que aportaron y el daño que hicieron. El caso es que mi intuición me indicó en noviembre que no me las hiciese. Después en abril insistieron y pensé: mejor dejarlas para cuando regresara, tenía la responsabilidad de llevar a los peregrinos.

Al regreso del Camino, ya en la primera quincena de Mayo, venia pletórico, satisfecho. Los 22 peregrinos llegamos hasta Compostela, en el grupo había personas con 70 años de diferencia, uno de 7 años y otro de 77 años. La experiencia fue positiva: conlleva crecimiento interno y externo, hubo que sortear los egos que se manifiestan.

En el Camino sale todo y normalmente lo mejor de cada persona, hay que pasar por pruebas que nos hacen crecer, para que todos terminen la Peregrinación. **Dejar a un lado "tu** propia persona" y cargarse de paciencia. Con el objetivo de: "Llegar, llegar todos y con bien".

Después de la experiencia y del logro conseguido, estaba pletórico, totalmente abierto. Me sentía satisfecho y feliz, ni me podía plantear que nada malo pudiera pasarme. Y quizás este suceso fue el colofón, la guinda o premio por medio de una experiencia o fenómeno de gran nivel.

El caso es que confiado de todo, me hicieron la prueba médica. Era el 13 de mayo de 2016 y la fiebre no se iba, me ponía un pijama y al poco rato estaba empapado de sudor, como si me hubiese duchado con él. Las convulsiones que daba movían hasta la cama.

Me sentía regular, como no había grandes dolores aguantaba; imbuido aún del buen ánimo del Camino. Ni por lo más remoto podía pensar que nada malo me pudiese ocurrir. Después supe que en la prueba médica, me habían inoculado bacterias que provocaban la fuerte infección.

Realicé ejercicios de Transmutación, dándome energía y eso me calmó, bajaron las fuertes y dolorosas convulsiones. Conseguí así aquietamiento interno y energía, vinieron unos momentos de mayor calma. En ese tiempo de serenidad, vi y sentí algo. **Fui participe de una escena muy especial.**

Atardecía, desde mi cama veía las luces de un sol que se ponía. Se ponía por fuera y por dentro de mí también, estaba más que débil y raro, muy raro.

Entonces fui participe de una gran escena. La vi con mis ojos, era como si hubiese dos huestes, sus líderes hablando entre ellos y mi futuro en sus manos, los dos querían que fuese con ellos.

Sentí, experimenté como si otra realidad paralela se abriese ante mí. **"Vi cómo se disputaban mi persona en la Transición"**. Vivencié y participé de la siguiente escena: había dos grupos, destacaban sus líderes, figuras de muy distinta personalidad y una multitud de entidades en un segundo plano, observando lo que ocurría.

<u>Entidades que Deciden.</u>

En los dos líderes se percibía una gran fuerza, su personalidad era muy acusada, les daba la forma en mi consciencia. Uno de ellos, digamos el más positivo, estaba en una zona con más luz, que me permitía ver nítidamente su contorno y especialmente **la cara. "Su mirada"**.

Ante semejantes personalidades estaba tímido, no me atrevía a fijar la mirada en ellos. Era como si participase de la conversación de dos grandes señores, viéndolo desde otra estancia o nivel. **La mitad (180 grados) de lo que podía ver, se abría a otra realidad o dimensión, permaneciendo yo, aún lado, en ésta.**

Desde esa posición contemplaba la situación y como después comprobé, se me permitiría hasta participar en ella. Estaba en dos dimensiones simultáneamente, con la intensidad del momento, me daba poca cuenta de que: "me la estaba jugando". **Era mi futuro: "Ante poderosos Señores, y Manifestaciones Energéticas" que parecían dominarlo todo de manera intransigente.**

El poder se adivinaba con su sola presencia, su fuerza impactaba, era la manifestación de "Entidades y una Luminiscencia" de especial vibración y fuerza. Algo en mi permanecía sereno, estaba con prudencia, sin temor, nunca tuve miedo. Sin embargo ambos pretendían, de una forma u otra, con distintos intereses y formas, llevarme al otro lado.

Los unos porque les gustaba, como que ya estaba a punto, y les había gustado mi comportamiento, en especial ¡estimo yo!, después del Camino de Santiago y les podía servir bien a donde pretendían llevarme. Los otros querían quitarme de en medio, que no pudiese hacer ya nada correcto, nada más aquí.

Estaban ellos en esa disputa, cuando yo, imbuido de no sé qué espontánea "Energía Interna", quizás por intuición, la falta de miedo y de vergüenza. **"Hable, curiosamente interrumpí y se me permitió". Como que me escucharon, eran palabras sin sonido, sin embargo su comprensión y alcance fueron rotundos.**

El que parecía dirigir la escena, el más positivo, al decir y **argumentar que aún tenía cosas que hacer aquí,** en nuestra dimensión, que tenía unos temas que dejar bien antes de partir.

Parecía contrariado y sorprendido, de que se me permitiese opinar y de que ese "Algo de gran nivel" consintiera.

«Se percibía "Algo" en el ambiente, que "sin aparecer" lo regía todo»

«Había algo en el ambiente, que aparentemente sin estar, lo regía todo». Quizás una emanación, un reflejo de luz para mí Consciencia, del "Principio Superior".

Es lo que siento por "El nivel de la Presencia" que experimenté, que era ese:

« <u>Algo Agradable y Grato.</u>

<u>"Impresionante a la vez"</u>»

La escena suavemente se esfumó, desaparecieron los dos interlocutores. El positivo según lo siento ahora, creo recordar sus ojos, su rostro, al que antes casi ni me había atrevido a mirar, se empequeñecía hasta desaparecer en un punto.

Partía como extrañado, sin comprender mi actitud, aceptando mi petición por orden de rango mayor, y se marchaba mirándome fijamente. Sorprendido aún, él y su concentrada mirada, partían.

Desaparecieron ambos, y el otro afortunadamente también; el que me inquietaba. No quise mirar ni su presencia, ni como partía, lo vi como de lado, aunque sentí como que "esa fuerza" se retiraba.

La situación en este plano cambió, los médicos finalmente llegaron. La doctora al ver la gravedad de mi situación, llamó a una ambulancia que rápidamente me llevó al hospital; según me contaron después, entré en estado muy crítico en la UCI, con las constantes vitales muy bajas. Por mi parte estaba tranquilo, sin preocupación en cuanto al tema hospitalario.

Aunque excitado realmente por lo que había visto, a nadie se lo conté. Mi mente tenía toda la escena anterior como sin procesar, sin asimilar, era aún como una luz densa en una zona de mi cabeza. Un hecho para el que yo débil aún, no era capaz de rememorarlo ni pensarlo, muy fuerte para mí, más aún en mí situación dentro del hospital.

Por otro lado la experiencia que tenía más clara y a la que me agarraba internamente, era que aún contento del Camino de Santiago, se lo comentaba a las jóvenes enfermeras de angelical carita. Días más tarde, en el hospital la impaciencia por salir. Salir de allí, tenía muchas cosas que hacer.

Bien, esta es la descripción de algo que ha ocurrido, tal y como lo he experimentado y sentido, así esta descrito. Al igual que manifiesto que los ejercicios explicados en cada apartado del índice están bien comprobados y experimentados. **Esta es la descripción de una vivencia, tan real, tanto como las manos con las que ahora tecleo.**

La vivencia que se produjo antes de ir al hospital es un evento único. Lo aporto como información y ayuda, por las instancias, dimensiones y personalidades que sentí, bien pudieran ser tan reales o más, que tú y yo. Por lo menos eso es lo que siento. « Así no hay límites ».

7.3/. Antecedentes Históricos.

Hay miles de testimonios, tanto en la antigüedad como actuales, provenientes de todas las culturas y continentes, coinciden sobre la Supervivencia de nuestra esencia primordial, de la Presencia Interna. **Ahora sabemos, conocemos que solo Transita o muere aquello que puede desaparecer: El cuerpo físico.**

«Coinciden las civilizaciones en toda época y continente. La vida no finaliza con la Transición»

Es algo claramente defendido y transmitido por todas las culturas, mostrado de distintas formas, con evidentes paralelismos que vemos al hacer un sensato proceso de asimilación de la información que nos han legado. Esto será claro para cualquier mente abierta, sin ideas preconcebidas.

Actualmente y por métodos diversos, personas sin ningún tipo de interés, salvo el de informar: técnicos, doctores y testigos del fenómeno, volvemos a indicar ese dato, con menos mitos.

«Las Entidades descritas, más reales serán, cuanto más alejadas estén de los convencionalismos al uso»

Quizás nos acompañen ahora, los que ya estén firmemente decididos a **abandonar los mitos por "un bien común": el del Conocimiento y la Evolución.**

Las posiciones desde la antigüedad habilitan el criterio de la inmortalidad de la consciencia, la parte del "Ser" que se denominó como Ánima, basada en la parte inmaterial.

También las percepciones extraordinarias de espacios y tiempos distintos, de entidades manifestadas, con una naturaleza especial.

Desde el Paleolítico a los Mayas, se representa de forma simbólica la «Supervivencia de la Consciencia después del final de la vida física». **La aportación de las culturas indígenas, su visión del mundo inmaterial, su "Fuerte mirada interior", ha sido capital para mí, por su prístina espontaneidad y su frescura incontaminada.**

La realidad Empírica, es lo que está basado en la "experiencia y en la observación". Referido a los hechos del universo inmaterial y de sus dimensiones, de sus fenómenos y manifestaciones, nada tienen que ver con la mitificación: las historias, los cuentos y símbolos primitivos que solamente han tenido un carácter transmisor de patrones culturales y de conocimiento, algunas veces positivos, entre las distintas generaciones humanas.

No debemos fiarnos sólo de la moda dominante o de lo bien visto, ya que si así lo hiciésemos llevaríamos "el Olor de la inconsciencia" que acompaña a los que solo se guían por ese criterio. Ese concepto de olor se hizo muy evidente desde la Edad Media hasta casi el siglo XV en Europa, donde estaba mal visto el bañarse, solo algunos a base de perfume lo sobrellevaban. Este y otros muchos problemas, siempre han sido causados por: la incultura y el convencionalismo.

Respetar, tomar lo positivo del pasado y lo actual: ¡es Correcto! Lo que sea por imposición o necedad, debe de ser superado.

Datos en la antigüedad sobre la Inmortalidad

Desde el poema de Gilgamesh hace más de 4000 años, realizado en escritura cuneiforme sobre la fresca arcilla de Mesopotamia, se dieron los fundamentos de este fenómeno. Después llevados por la falta de datos y cultura, se llegó a **la idealización y la mitificación de todo tipo de símbolos antropomórficos,** por el desconocimiento y los miedos.

El Mazdeismo de Zoroastro fue el inspirador de textos y los **modos filosóficos de la dualidad Bien y Mal,** consideradas como contraposición. Juicios para la obtención de Paraísos e Infiernos. El ánima y la inmortalidad, ángeles y demonios en continúa pugna. Conceptos transmitidos por los egipcios a las filosofías del Pentateuco, llenaron Oriente, después toda Europa.

La inmortalidad es el caballo de batalla de los dogmas. La dualidad Muerte / Inmortalidad, es uno de los temas recurrentes de todas las visiones de lo inmaterial. La mayoría de las filosofías, a falta de datos y método, mitifican todo, tanto lo percibido como lo inferido, asociándolo desde la antigüedad con patrones parentales. Sin analizar, ni comprobar nada, nunca lo hacen.

Así históricamente son los hechos, lo acontecido en el panorama cultural, místico y filosófico en los cuarenta siglos anteriores e incluso más. Y quizás es lógico que fuera así, era lo normal para ese nivel de conocimiento y comprensión.

Los Sumerios en la antigua Mesopotamia, de manera coincidente les ocurre igual que con el "Diluvio", que es mencionado en otras culturas. La inmortalidad hasta Física se describe en algunas filosofías asociadas al Pentateuco. **Y en el Taoísmo** también, mediante un buen número de prescripciones de tipo energético, para preservar la vida física y pasar a otra dimensión de espíritus y Manes, impulsado por méritos propios.

El Bhagavadgita de la India dedica una buena parte de su texto al tema de la inmortalidad, en paraísos inmateriales para algunos elegidos, los que cumplen con sus múltiples e innumerables preceptos. Como lo han hecho decenas, cientos de credos y confesiones hasta nuestros días. **Brahma en el hinduismo ofrecía para después de la Transicion, una "asimilación universal", es decir la fusión con el Todo.**

«La inmortalidad en "Paraísos inmateriales". O una "Fusión con el Todo"»

Conocemos, tenemos ya certezas y eventos que pueden estudiarse. Incluso las técnicas y herramientas que nos llevaran al nivel, del cual ya nunca deberemos descender.

En la Edad Media por ese espíritu ancestral de oriente: de Mesopotamia y Egipto, se ven influidos místicos y alquimistas. Después los esoteristas en la **«Búsqueda de la Transcendencia perdida. "De la Caída"»** desde planos superiores y por la epopeya de la "Búsqueda" que en occidente se materializa en la del Grial: dador de la Transmutación y de la vida eterna hasta física. Algunos adeptos más evolucionados comprenden que esa «Transmutación Alquímica es psíquica, de la parte interna».

Donde solo aquel que "Se ha ganado la Inmortalidad" la tendrá. Por la pureza de su corazón o por su evolución. Solo algunos lograrán el ascenso a un estado superior en otras dimensiones distintas. Esos juicios y evaluaciones son narrados:

«Interesante concepto: "Ganarse la Inmortalidad".
Para el que "Transmutó su nivel de Consciencia"»

Para los Tibetanos la denominada "Clara Luz Primordial" que se nos mostrará durante el proceso de la Transición, con una duración que será más larga y definida, en función de nuestra adhesión y armonía con "Principios Espirituales". Es un concepto de absorción dimensional. Las fuerzas se irán, respiración y sentidos se van apagando. Vértigo; y serás llevado más allá de esta Dimensión Tridimensional, de este mundo corpóreo. **Hay que mantener la calma "Disminuir el miedo" y tener confianza, "la Luz aparecerá".**

Según la antiquísima tradición Tibetana existe **El Bardo, el denominado "Estado Intermedio".** Aparecen deidades, unas apacibles y otras airadas. Representaciones en función de nuestra evolución. Bien pueden ser visiones facilitadas por nuestra mente y sus conceptos. Indican que la clave de todo es:

«Ser capaz de reconocerse a sí mismo, como
una "Forma de pura Luz"»

Aceptar el criterio de Unidad. Hacer desaparecer la ilusión consistente en que existe una diferencia real entre sí mismo y las imágenes que aparecerán ante él. **Es interesante conocer que el manuscrito del Bardo desaconseja la Reencarnación.**

7.3.1/. El silencio de los Dioses.

Será la indiferencia de los dioses y del universo, quizás esa carencia de respuestas sea la que desencadena la avidez, por conocer nuestra verdadera naturaleza, y de dónde procedemos.

Extrañados de su comportamiento, muy alejado de nuestra comprensión:

¿Cómo toleran tanto dolor, infligido hasta por la misma naturaleza que habrían creado?

¿Cómo dejan a desalmados que por ego y ansia de poder, provoquen guerras y quebrantos a los inocentes?

¿Cómo su ausencia? Esto es lo más desolador ¿Dónde estaba, porqué se esconde?

Akenatón invocaba a su Dios Atón, enfrentado a todo un clero dominante en Tebas. Su padre Amenofis III también se había enfrentado a ellos, luchas de poder.

Había cambiado al Dios Amón y otros 2000 dioses más, **"Solo por Atón"**, construyendo la nueva capital en Tel-el-Amarna. Levantó nuevos templos, en parte "sin techo" por dónde era invocado Atón en la mañana al amanecer. El Faraón decía: **¡Muéstrate! ¡Te hice templos! ¡Dame lo que te he pedido!**

Esta carencia de contacto, se manifiesta tanto en Occidente como en Oriente, en épocas recientes se da en los más afamados filósofos y místicos, unidos en esta perplejidad por **la ausencia de su Dios**, al que han ofrecido juventud, vida y hacienda.

Todos indican su frustración por la ausencia de su Dios, al que idolatran y del que precisan de su intercesión en esta vida. ¿Y qué hacer? Esperar más. Comenzar a dudar. No pensar en ello, seguir.

«Sí hay opción: Abrirse y perseverar en Evolucionar. Llegado el momento se experimentará»

Será una buena actitud para experimentar una realidad de ese nivel. Los filósofos y estudiosos desde la antigüedad, han detectado la existencia de una serie de **«Principios», que de manera natural se cumplen.** Obstinadamente se cumplen y manifiestan, que son correctos. Y para todos funcionan igual:

La Ley del Amor. Herramienta de dimensión o nivel superior.

Los 7 Principios Universales. De los Alquimistas psíquicos.

Pervivencia de la Consciencia a la Transición de lo Físico.

«Sin dueños ni exclusivas. Lo llamado Espiritual es algo natural». La Realidad: las otras dimensiones y los planos de mayor nivel, forman sencillamente parte de una realidad natural, solo accesibles con una visión más sutil y completa de la misma.

Al Abrirte: Surgirá. Todo es pasión, si das rienda suelta a tú Presencia Interna. Comenzaran a surgir cosas: Lo Exquisito.

7.4/. Quizás ÉL.

Todo gira alrededor del concepto: «Experimentar el Principio Superior». **Consciente de que lo percibido solo será la interpretación que mi mente realiza de un Ser de alto nivel.**

Nunca hasta ahora se me había ocurrido imaginármelo. Era un sentimiento en el que se adivinaba una "Presencia grande". Algo que está ahí; sin atreverme ni a pensar en él. Como que no era el momento, aunque algo en el fondo de mí, si lo deseaba.

Ahora, sin querer "mostrar fotos". Alguno pensaría que esa sería su comprobación, no es la mía, he comprendido que no es ese el objetivo, ni me lo planteo así. Es mi caso solo es una relación agradable y sobre todo feliz. **Cuando pienso en ese nivel sonrío; mi boca se frunce ahora con una sonrisa, al experimentarle, al sentirle mis ojos sonríen también.**

« Cuando estés listo. Lo sentirás. Nunca nadie encuentra al "Principio Superior". Nadie puede. De pronto lo experimentaras»

Estoy bien con esa sensación, por ahora solo aspiro a mantenerla. Comienzo a desear sentirla más, estar así más ratos cada vez. Me daba temor que por probarla alguna vez más, fuese a desaparecer esa agradable y alegre sensación. Ya me ocurrió otra vez: el intentar evitar perder algo importante de las «Dimensiones Inmateriales» que por fin me funcionaba: I Ching. Cuando comencé a utilizarlo y respondía tan bien, temí perderlo, y lo usaba poco, preocupado de que me dejase de funcionar.

Que va más allá de ser alguien personal, aunque así pudiera serlo, ya que nada descarto, esa sería la manera de asimilarlo o interpretarlo por nuestro nivel evolutivo.

Como dice Tao, si tengo que nombrarlo lo llamo "Grande". Y esa sensación me lleva lejos, y esa lejanía me hace retornar. Formando parte de una presencia suavemente luminiscente, y sin embargo bien definida. Y esa sensación de grande, es agradable sentirla, y me hace feliz. Cuando hago una consulta con I Ching cada vez más intento, que la respuesta parta desde esa Presencia Superior, grado o nivel de rango más evolucionado.

Los Manuscritos de I Ching tienen más de 4000 años, sus primeros símbolos fueron escritos sobre "Conchas de Tortuga", y fundamenta las corrientes filosóficas posteriores que:

Dan la importancia al "no Ser".

El Principio Superior que no tiene objetivos.

Desde el Ser solo vemos su apariencia, desde el "no Ser" vemos su esencia.

Es vacío, imposible de colmar y por eso inagotable en su acción.

Por su profundidad parece ser eterno.

No sé quién lo concibió, es más antiguo que los Dioses.

Quien más habla menos le comprende.

Lo mejor incluirse en Él.

Es como el dialogo entre la amada que había rechazado a su pretendiente, él había sufrido mucho y ahora que estaba junto a ella, solo le hablaba del pasado. **¿Cuándo me vas a Probar?**

**«Ahora me tienes junto a ti» dijo Dios. Y no haces
más que darle vueltas a tu cabeza pensando en mí.
Hablar acerca de mí y leer lo que otros dicen de mí»**

Después de la experimentación de ese nivel evolutivo o Presencia Superior, que se puede sentir como bienestar y alegría". Nace una sonrisa en mi boca, fruto de esa experimentación. "Dándonos Cuenta" que más allá de hablar de ÉL, o con nuestra mente intentar describirle. Lo mejor es:

«Probarle. Disfrutarle. Incluirse en Él»

Experimentarle en las gotas de agua que se iluminan, en cada aguja de una rama de cedro. En los rayos de una puesta de sol que se ensortijan en las hojas de un sauce. En el movimiento potente de las masas de agua del mar, visto desde un acantilado. En los brillos a medio día, cuando el mar parece de plata con ese fulgor. Ahí presentimos esa "Presencia", hay algo muy especial.

Si te abres, esa sonrisa aflora en tu boca y en tus ojos, no lo puedes evitar, ahora mismo yo no puedo. Es ese placer interno y la satisfacción, como la del "Peregrino que ya ha llegado" y va felizmente por las calles, deleitado de todo. Nada precisa, lo tiene todo. Sin prisa alguna. Se siente seguro, nada le puede pasar, está con los suyos, "la amada, el amado". Con los que le quieren.

« Es tener la tendencia de estar Conectado
Continuamente con tu "Presencia Interior" y
de ella con ese "Principio Superior"»

Acrecentar el logro de esta experimentación es La Clave, e incluso hacerla continuada: "Para siempre".

Como hacer con Él.

Este criterio es de tal magnitud que hay que utilizar todos los ángulos posibles, para experimentarlo. Al menos para intentar conseguirlo, **ante la realidad de un Principio Superior que es inexpugnable, inasequible para nuestra mente y naturaleza.**

Amparado por ahora en mantener tu nivel de Entonamiento. Y con él, lograr la continua experimentación del «Principio Superior». **Que nos indaga: ¿Cuándo me vas a Probar? ¿Cuándo a Disfrutar? Mis ojos y boca sonríen al "Probarte".**

Para Experimentarlo nos guían estas actitudes de los Tibetanos:

Aquí está todo, no hay <u>Metas</u> que alcanzar

En este <u>Instante</u> es donde la existencia entera culmina.

El <u>Universo</u> converge aquí.

Lo <u>Existente</u>, todo lo que hay está aquí, en este momento.

<u>Las Metas</u>. Sin ellas la descarga que ocasiona es tremenda. Ya no hay prisas, y nos permite reconocer el nivel de la empresa que acometemos: Un acercamiento real al Principio Superior.

En este Instante donde la existencia culmina. Es definitivo en su congruencia y concreción. Acotando todo de manera irreversible a este instante. Y así poder Probarle y Disfrutarle.

Convergiendo un Universo entero aquí. Es total ¿a dónde ir? Un universo entero se manifiesta ante nosotros, se nos ofrece. Solo nos puede quedar este instante y lugar.

Lo Existente todo aquí, en este momento. Claro después de esto no hay tregua, lugar o tiempo. Se refiere a: Todo lo que existe. **«Ubicándome en el momento actual sin remisión».**

Dos Actitudes.

Existían dos Actitudes, ahora las he unido. Aparentemente divergentes en su nacimiento, muestran las aportaciones y actitudes de Oriente y de Occidente ante un fenómeno de ese tamaño y magnitud. **Comprobaremos que en realidad son partes complementarias, necesarias ambas para mantener la "Actitud Suficiente" y finalmente ser capaces de experimentarlo. Estas Actitudes son:**

« Centrado en tu Ser / Entregando tú propio Ser »

Centrado en tu Ser

Comencemos por esta "Tántrica Actitud". Para poder llegar a experimentar ese Principio Superior del que con tanta alegría hablamos, y cuya feliz experimentación pretendemos, ahora desde la sutil concepción de Oriente. Veremos ahora sus Claves:

Sitúate tú, en el "**Centro mismo de tu Ser**".

Mantén la "Suavidad Interior". La vida es suavidad y flexibilidad.

¡Disfruta! Todo está listo para la celebración, nada falta.

Y realmente **"Dios es absolutamente silvestre"**.

Sin Aceptación o Rechazo. Sin Luchar o Rendirse.

Ni ideas Preconcebidas. Tampoco Condiciones.

Evitar decir Sí o No. Deja que las cosas sucedan.

Y surge un Ser natural, fresco y virgen. La luz de tu Presencia Interna desvanece el pasado.

"Impredecible". Que nadie pueda predecir lo que harás.

Si eres más valiente, serás **Natural y Espontáneo.**

Tener metas es ser mundano. **Incluso si tu Meta es Dios.**

El verdadero hombre religioso, **ni le preocupa este mundo, ni tampoco el otro.**

Respuesta o Reacción. La Respuesta surge y se manifiesta según la situación. La Reacción es adquirida, solo un hábito.

Evita la creación de nuevos Conflictos en ti mismo. El Amor / odio. Amigos / enemigos, son el disfraz del mismo fenómeno.

Los que son **Salvajes Internamente,** con autenticidad llegan.

Escoger será encadenarse. **No Escoger es liberarse.**

La verdadera Meditación es experimentar el Principio Superior.

Sobrevivirás, tu Presencia Interna ni ha nacido, ni morirá.

La Realización interior es la experimentación del Principio Superior **"Sin Esperanzas"**. Ya que con ella entra el futuro, el deseo, el esfuerzo, la codicia y llega el descontento.

Si escoges te limitas. Si lo haces, jamás verás la totalidad.

Entregando tú propio Ser

Es la Actitud de Occidente. Aquí no juzgamos nada. Estos son dos polos, y al unirse conseguirán que "Todo sea pasión", la manifestación de un principio muy grande, el mayor: **El Principio Superior.**

«La Actitud del cuadro de "la Anunciación"»

Y en medio de todo esto ¿Qué hacer?. La única actitud cercana a la posibilidad de sentir el "Principio Superior", será tener y mantener la actitud de la Madona, del cuadro de "la Anunciación" pintado por Fra Angélico.

Ella frente al ángel, mirando. Abre su mirada.

Receptiva cruza sus brazos frente a sus hombros y pecho y así permanece.

¡Nada quiere! esperándolo todo. **¡Ni espera!** queriéndolo.

¡Ni desea! necesitando.

Se entrega incondicionalmente, manteniendo una reserva y discreción infinitas.

Todo en ella, en su actitud dice ¡Sí! sin decirlo.

Sin haber ofrecido nada, lo da todo.

Aquí se manifiesta la sublimación del Amor. Cuya magnitud se exacerba de manera inenarrable. Se acrecienta, se nos cuela hasta el alma en esa figura sin límites. Al afianzarnos en ese delirio que nos excede y desborda, en esa ilimitada actitud.

La propuesta siguiente será: «**Dar un Paso más allá a la mera Contemplación del Principio Superior**», hacia el siguiente nivel evolutivo. Quizás nos ayude la actitud de:

Ser capaz de reconocernos a nosotros mismos, como una "Forma de pura Luz". Propuesta de los Tibetanos.

Me atrevo a proponerte que "Juntes las dos Actitudes": «Centrado en tu Ser / Entregando tú propio Ser» que las mezcles y las unas. Que tomes de la una y de la otra en exceso, sin medida. Para que realices la "Alquímica Sublimación de las dos en ti".

Utiliza, usa todo lo que ahora conoces de las Dimensiones Inmateriales, de las Técnicas que hemos visto, ellas te auxiliarán para: **«Desenvolverte con soltura en el universo inmaterial. Y para contactar con tu Presencia Interna o tu nivel más evolucionado, para el logro de «La Experimentación del Principio Superior o máximo nivel».**

Y como Shiva Nataraja que es la figura tradicional que ahora más me inspira y sugiere: ¡Danza! Simbolizando con esa danza, el movimiento incesante del universo.

Danza sobre el Olvido y la Ignorancia de nuestra esencia verdadera, simbolizadas por el diablo Apasmara, a sus pies. La perdición del hombre es el olvido. Y la ignorancia.

Transmuta, como el fuego que sostiene su mano izquierda.

Crea por el sonido de la Vibración Creadora de la Palabra, simbolizado por el tambor que lleva en su mano derecha.

Conservación y Ocultación. En sus otras dos manos ya que esta arquetípica figura de Shiva muestra cuatro manos, una en **gesto de protección que simboliza la Conservación. Y la otra, extendida más discretamente, simbolizando la Ocultación de nuestra verdadera esencia y naturaleza.**

Con la otra pierna en alto simbolizando **la Gracia y el Triunfo de la Conciencia Superior. Y ese triunfo quiero y pretendo.**

Y así pretendo que sea mi relación con Él. Por ella avanzaré en este tiempo, con este Principio Superior o el máximo nivel experimentado, y pretendo que sea el guía de nuestra actividad. Desconozco si abra más, confío. ¡Seguro que sí! Quizás comparta algo, es privado, sin embargo ¡Algo surgirá!

Y que también tú tengas, esa "relación con Él".

¡Adiós los límites!

www.ingramcontent.com/pod-product-compliance
Lightning Source LLC
LaVergne TN
LVHW051223200726
843510LV00011B/1468